JOÃO CRISTOFOLINI
EDUARDO COSOMANO

SAÍDA DE MESTRE

ESTRATÉGIAS PARA COMPRA E VENDA DE UMA STARTUP

Diretora
Rosely Boschini

Gerente Editorial
Carolina Rocha

Editora Assistente
Audrya de Oliveira

Assistente Editorial
Giulia Molina

Produção Gráfica
Fabio Esteves

Preparação
Amanda Oliveira

Capa
Rafael Nicolaevsky

Projeto Gráfico e Diagramação
Vanessa Lima

Revisão
Carolina Forin e
Ana Paula Rezende

Impressão
Gráfica
Edições Loyola

Copyright © 2021 by João Cristofolini
e Eduardo Cosomano
Todos os direitos desta edição são
reservados à Editora Gente.
Rua Original, 141/143 – Sumarezinho
São Paulo, SP– CEP 05435-050
Telefone: (11) 3670-2500
Site: www.editoragente.com.br
E-mail: gente@editoragente.com.br

CARO LEITOR,
Queremos saber sua opinião sobre nossos livros.
Após a leitura, curta-nos no facebook.com/editoragentebr,
siga-nos no Twitter @EditoraGente, no Instagram @
editoragente e visite-nos no site www.editoragente.com.br.
Cadastre-se e contribua com sugestões, críticas ou elogios.

Dados Internacionais de Catálogo na Publicação (CIP)
Angélica Ilacqua CRB-8/7057

Cristofolini, João
    Saída de mestre: como as startups estão revolucionando mercados e se tornaram o foco de disputas milionárias entre as grandes empresas / João Cristofolini, Eduardo Cosomano. – São Paulo: Editora Gente, 2021.
    224 p.

ISBN 978-65-5544-155-0

1. Empreendedorismo 2. Administração de empresas I. Titulo II. Cosomano, Eduardo

21-3484 CDD 658.4012

Índice para catálogo sistemático:
1. Empreendedorismo

nota da publisher

Se tem uma coisa que aprendi publicando livros sobre negócios é que empreender não é tarefa fácil: é preciso suar muito, arregaçar as mangas para fazer acontecer, estar sempre antenado em um mercado em constante mudança e claro, aprender a transitar em um ecossistema cheio de peixes grandes, unicórnios e camelos sem deixar que algum deles vire a única métrica de sucesso. Mas será que empreender precisa ser tão difícil assim? E será que é tão impossível promover disrupção no seu mercado, atrair uma gigante do setor e, assim, gerar lucro significativos para seus investidores sem se prender a parâmetros bilionários?

A resposta para essas questões pode estar a uma **Saída de mestre** de distância e, neste livro, os autores João Cristofolini, empreendedor e sócio fundador da Pegaki, empresa comprada pela Intelipost em menos de cinco anos em uma negociação milionária, e Eduardo Cosomano, jornalista e empreendedor, abrem os bastidores desse movimento de early exit que está revolucionando o ecossistema empreendedor brasileiro.

Nessas páginas, caro leitor, os autores te guiarão por um verdadeiro passo a passo sobre como realizar uma saída antecipada de sucesso e fornecerão todas as ferramentas necessárias para você entender se seu negócio está no momento certo para ser vendido e, mais do que isso, aprender com a jornada da Pegaki e com outros cases que, além de construir um negócio bilionário, você tem outras opções para causar impacto no mercado!

É claro que encontrar unicórnios é fantástico, mas as vezes tudo o que você precisa para conquistar o seu sucesso é achar a **Saída de mestre** certa para a sua empresa.

Rosely Boschini - CEO e publisher da Editora Gente

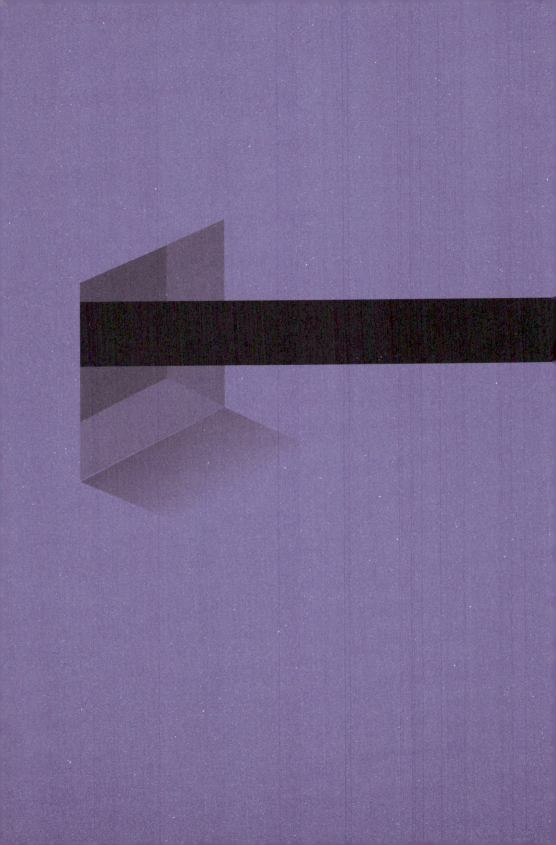

dedicatória

Dedicamos este livro a todos os empreendedores que são chamados de loucos diariamente e são obrigados a buscar verdadeiras saídas de mestre para resolver os mais diferentes e improváveis problemas. Vocês são verdadeiros mestres, e a saída para muitos dos problemas atuais está com vocês.

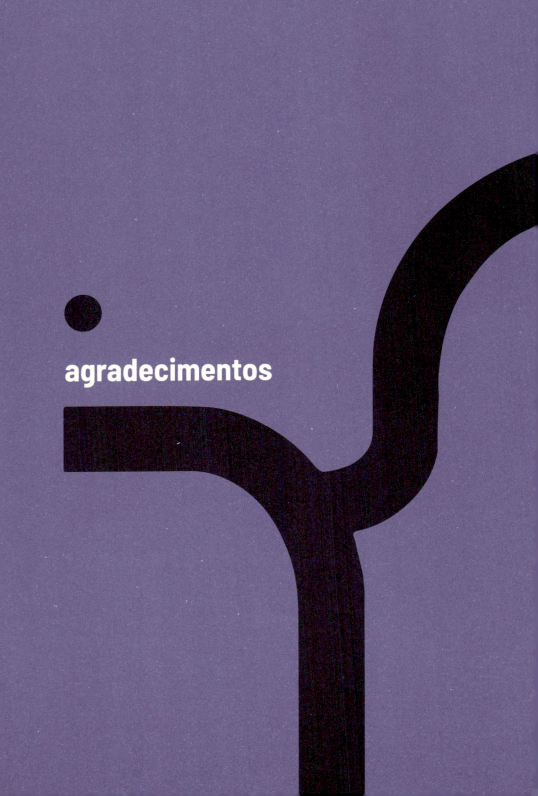
agradecimentos

JOÃO CRISTOFOLINI

Ninguém constrói uma startup sozinho. Muita gente fez parte dessa história até chegarmos aqui, no **Saída de mestre**. A Pegaki não existiria sem meus sócios Daniel e Ismael, a aceleradora Cotidiano, a Eqseed e todos os investidores que acreditaram no negócio e, mais recentemente, a Intelipost e seu time que fez a aquisição, em especial Stefan, Gabriel, Ivan, Joe e Riverwood Capital. Muita gente já passou pelo nosso time ao longo dos anos; cada um deixou sua contribuição e fez parte dessa história de alguma maneira. Meu muito obrigado a cada um de vocês.

Este livro não existiria sem o trabalho incansável e incrível do Eduardo, jornalista que conheci no início da Pegaki e que nos ajudou desde então com um grande trabalho de assessoria de imprensa por meio da EDB Comunicação. Edu aceitou o desafio de ajudar a transmitir de forma simples e acessível a história da empresa e conversou com muita gente boa do mercado para que este projeto entregasse o conteúdo mais completo e fiel à realidade.

Foram várias as pessoas entrevistadas para o livro, desde quem acompanhou a história da Pegaki de alguma maneira, outros empreendedores que tiveram saídas de mestre, empresas compradoras e até investidores do ecossistema de startups, todos fundamentais para a obra ficar ainda mais rica para você, leitor.

E, claro, agradeço à Carolina Rocha, nossa editora, e a todo o time da Editora Gente, que acreditou na proposta e permitiu que esta mensagem chegasse até suas mãos.

EDUARDO COSOMANO

Em primeiro lugar, gostaria de agradecer à minha esposa, Mariana. Nosso Heitor nasceu durante o processo de construção deste livro, e é difícil explicar o que foi lidar com as emoções da chegada da pessoa mais importante da nossa vida em meio a uma rotina pesadíssima. Sem o seu apoio, paciência e amor, seria impossível. Mari, amo você.

Agradeço aos meus pais, José e Marina, pela luta, dedicação, princípios, e às minhas irmãs, Cláudia, Sandra e Thaís, pela parceria ao longo da vida. Na hora H, é a família que fica.

Obrigado ao João pelos anos de trabalho e pela honra de sua parceria neste livro. Pessoas que realizam coisas incríveis são raras. Pessoas que realizam coisas incríveis e ainda convencem e ensinam uma multidão a fazer o mesmo são raríssimas. Todos crescem com elas, tudo dá fruto. O João é uma dessas pessoas.

Agradeço de coração a todos os clientes da EDB, mas seria injusto se não mencionasse o Grupo Raccoon, a Moove+ e a EqSeed. André, Daniel, Tulio, Daniela, Ruocco, Greg, Brian, Anthony e Guilherme, sou muito grato pela confiança. Meu muito obrigado também a todos os profissionais que fazem ou fizeram parte da EDB, em especial ao Wesley, pela dedicação e comprometimento ao longo desses anos.

Por fim, obrigado a todos os entrevistados desse livro e, é claro, à Carol, Giulia, Audrya, Rosely e a todo time da Editora Gente. Lançar um livro era um sonho que vocês ajudaram a tornar realidade!

CAMILA FARANI

Estamos
vivendo um dos momentos mais efervescentes do empreendedorismo no Brasil. Todos os dias, inúmeras soluções são desenvolvidas por profissionais inquietos que sonham em construir negócios de alto impacto e, claro, que são capazes de trazer grandes resultados. Muitos desses jovens empreendedores me procuram em busca da resposta para a mesma pergunta: "Camila, o que uma startup precisa ter para você investir nela?".

Comecei a empreender aos 16 anos para ajudar a minha família em um momento em que não tínhamos a opção de algo dar errado. Desde aquela época, em minha atuação como mentora e investidora, carrego comigo a ideia de que o maior ativo para um negócio forte são as pessoas que fazem parte do time. Pessoas boas, comprometidas, dispostas a trabalhar com afinco e responsabilidade são capazes de transformar qualquer ideia em um negócio com potencial de crescimento. Essa é uma visão que João Cristofolini, Eduardo Cosomano e eu temos em comum.

Saída de mestre: estratégias para compra e venda de uma startup traz um conhecimento extremamente relevante para quem está mergulhado nesse mar de tubarões que é o mundo do empreendedorismo e da captação de recursos. Com ele, você aprenderá a ter o fôlego necessário para mostrar ao mercado o potencial do projeto que tem em mente.

A jornada da Pegaki e dos outros negócios que você conhecerá ao longo das próximas páginas demonstra, de maneira muito prática, o que sempre digo àqueles que me procuram em busca do caminho para chamar atenção de um investidor:

- **Além de confirmar se você sabe apresentar de modo assertivo o que é o negócio e por que ele precisa do investimento, o investidor procura saber se você tem um time complementar e competente;**
- **Depois de entender a força do time, o investidor analisa a tecnologia que a empresa ou o processo de atendimento possui;**
- **Por fim, o investidor avalia o mercado, o potencial de crescimento do negócio e as possibilidades de saída para decidir confiar que o dinheiro investido hoje tem chances de gerar um retorno muito maior do que o aporte inicial.**

E não tenha dúvidas: seu nível de conhecimento sobre o mercado é determinante para receber o sim de um investidor. Quanto mais o empreendedor conhecer o mercado local e os outros mercados que desenvolveram soluções parecidas com a que ele quer oferecer, mais maturidade terá para lidar com os muitos desafios da jornada.

Empreender não é romântico. É ralação o tempo todo! Para ter uma saída de mestre, é preciso estar preparado para uma montanha-russa de emoções, ir até onde os consumidores estão e ter como foco levar o mercado a um novo patamar do seu processo evolutivo.

Mas não existe uma fórmula mágica para as coisas acontecerem. Como sempre digo, o caminho mais rápido entre a ideia e os resultados se chama execução. Para mim, essa foi a chave que possibilitou à Pegaki fazer a sua saída multimilionária em menos de cinco anos.

Este livro apresenta o outro lado da mesa, mostra como os fundadores da Pegaki se prepararam, validaram a solução e lidaram com cada etapa do negócio até que ganhasse a tração que vemos hoje.

Assim como o João, eu também acredito que o empreendedor precisa cuidar de si mesmo e se desenvolver o tempo todo para estar apto a liderar um negócio inovador. As próximas páginas vão ajudar você, leitor, a entender quais são as premissas, atitudes e análises que devem ser feitas para alcançar o valor que o seu negócio pode ter. No entanto, a leitura é só metade do caminho; espero que cada aprendizado que encontrar aqui se transforme em ações para empreender com clareza e em estratégias eficazes. O Brasil precisa da nossa criatividade e inquietação. E, para todos nós, desistir não é opção!

CAMILA FARANI
Empresária, investidora-anjo, uma dos "tubarões" do Shark Tank Brasil e autora de *Desistir não é opção*

sumário

PRÓLOGO	**16**
CAPÍTULO 1: Qual é a estimativa de entrega?	**20**
CAPÍTULO 2: Uma ideia não sustenta uma empresa	**32**
Seja camelo, seja unicórnio... só não seja uma startup besta	33
Você está realmente a fim de resolver um problema?	38
CAPÍTULO 3: Quem enfrentará o desafio com você?	**44**
Preciso me preocupar com tudo isso desde já?	52
Somos sócios, e agora? Qual é o nome da empresa?	53
CAPÍTULO 4: Do que precisamos para o negócio rodar?	**56**
A saga pelo investimento: erros e acertos	60
Aprendizados sobre captações	77
CAPÍTULO 5: A cultura come a estratégia no café da manhã	**82**
Pessoas certas nos lugares certos	85
Como liderar talentos?	94
CAPÍTULO 6: A consolidação do negócio	**98**
Covid-19, quase falência e nosso ressurgimento	103
A saída da Pegaki	108
Eles também realizaram uma saída de mestre	**114**

CAPÍTULO 7: Saída antecipada – vale a pena?   **156**
As alternativas   161
O topo da pirâmide   168
Saídas antecipadas   171

CAPÍTULO 8: O que pensam as grandes empresas na hora de comprar uma startup?   **176**
O dia depois de amanhã: o pós-venda   185

Capítulo 9: O que você precisa saber para viabilizar uma saída de mestre   **192**
Oito lições para realizar uma saída de mestre   193

CAPÍTULO 10: O empreendedor precisa estar bem para ir mais longe   **208**

CAPÍTULO 11: Saída de mestre: o que é uma startup de sucesso?   **214**

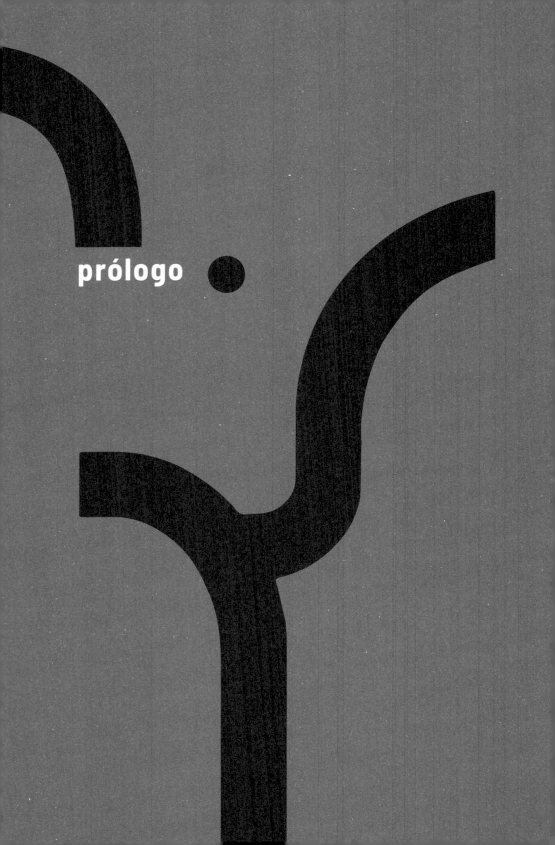

Eu cheguei em casa, sentei perto da varanda do apartamento e vi uma mensagem no meu celular.

"Me dê algum motivo para continuar, João."

Era o Daniel, meu sócio.

Levantei a cabeça, respirei fundo. Era março de 2020, sexta-feira, fim de tarde, crise da covid-19 estourada no Brasil e no mundo.

Caos.

O Daniel é uma das pessoas mais sensatas que conheço, é um cara pragmático, focado, resolutivo, trabalhador. Ele pensa muito antes de falar, fala baixo, fala pouco, mas fala na lata. A pergunta dele, portanto, não era filosófica, era literal. Ele realmente queria algum motivo concreto para continuar a nossa história. E eu não sabia responder.

"Chegamos até aqui, calma, vai dar certo", respondi, fingindo que sabia do que falava, tentando transmitir uma segurança e uma serenidade que, na verdade, eu não tinha.

"Ok", respondeu ele.

Aparentemente, para a sorte de nós dois, ele também fingiu que acreditou.

O desânimo do Daniel não se devia só àquela crise, mas também a todas as outras que enfrentamos. Já haviam se passado quatro anos da nossa fundação, vinhamos de um período promissor, mas o ano da escalada era 2020. E 2020, àquela altura do campeonato, já era.

Sinceramente, eu também não sabia mais se ia dar.

Porém, pensar em desistir – ou até decidir desistir – não é o mesmo que desistir de fato.

Passado um mês, precisávamos levantar dinheiro para os próximos trinta dias. O caixa estava literalmente zerado, não tínhamos perspectiva de entrada de dinheiro e iríamos começar a nos endividar.

Em um só dia, liguei para os quase 140 investidores da Pegaki, um a um.

Fui franco: "Pessoal, vocês estão vendo o que está acontecendo no Brasil e no mundo, estamos reduzindo todos os custos, precisamos levantar um capital mínimo para durar pelo menos mais um mês. Vocês topam?".

Levantamos 50 mil reais e tivemos apoio de grande parte dos investidores.

Claro, o apoio não foi unânime. Recebi mensagens nada amistosas, nada agradáveis, cujo conteúdo é impublicável, de modo que deixo a cargo da sua imaginação, aí do outro lado desta página.

Tínhamos fôlego para mais um mês.

Tem uma frase, de autoria de Ross Perot, empresário bilionário e ex-candidato à presidência dos Estados Unidos falecido em 2019, que diz o seguinte: "A maioria das pessoas desiste quando elas estão próximas de alcançar o sucesso. Elas desistem a um passo da linha de chegada".[1]

Bom, quase comprovamos a tese do Perot.

Mas não foi dessa vez.

Em seis meses, em meio à maior crise sanitária do século XXI, saímos de uma iminente falência para uma transação milionária que mudaria para sempre a nossa história.

Nós cruzamos a linha de chegada.

---

[1] 16 FRASES inspiradoras de bilionários sobre superação. **Pequenas Empresas & Grandes Negócios**, São Paulo, 10 jun. 2015. Disponível em: https://revistapegn.globo.com/Dia-a-dia/noticia/2015/06/16-frases-inspiradoras-de-bilionarios-sobre-superacao.html. Acesso em: 5 ago. 2021.

Porém, pensar em desistir – ou até decidir desistir – não é o mesmo que desistir de fato.

CAPÍTULO 1
Qual é a estimativa de entrega?

Você compra um produto pela internet, mas nunca recebe. Vai checar e descobre que, na verdade, a empresa tentou entregar, mas não conseguiu, não tinha ninguém em casa, o prédio não tinha porteiro, o interfone não estava funcionando... Isso sem falar em extravio ou atraso porque os Correios entraram em greve. Resumo da ópera: o produto não chegou e você está P da vida, afinal, o grande objetivo era realizar uma compra com comodidade, e agora precisa abrir um chamado na loja, aguardar o atendimento e esperar o reenvio do pacote. A loja, por sua vez, além de ter um cliente irado por algo que não foi culpa dela, ainda tem de lidar com o prejuízo financeiro do armazenamento e reenvio do produto.

O nome desse problema é **insucesso de entrega**. E todo mundo já passou por isso alguma vez.

Em março de 2016, quando eu, João, e meus sócios Daniel Frantz e Ismael Costa fundamos a Pegaki, os e-commerces já estavam crescendo, embora não imaginássemos a transformação pela qual o mercado de logística passaria em 2020 com o advento da pandemia de covid-19. Nós queríamos resolver a dor dos e-commerces que sofriam (e ainda sofrem) com problemas nas entregas, ajudá-los a atender melhor seus clientes e oferecer mais flexibilidade para o modelo. Nas próximas páginas, vou compartilhar a nossa história e os aprendizados que acredito serem úteis a você que quer empreender, fazer o negócio crescer e ter um excelente retorno financeiro graças ao impacto causado pela sua solução sem que isso signifique complexidades, investimentos e expectativas disponíveis apenas para alguns negócios que se tornam unicórnios.

No entanto, antes de falar sobre isso, vou apresentar a proposta da Pegaki resumidamente: o consumidor compra algum produto pela internet e, ao escolher a modalidade de frete, tem a opção de selecionar um ponto de retirada próximo à sua casa. Pode ser um posto de gasolina, um supermercado, uma lavanderia, uma padaria, uma ótica... não importa, o objetivo é que seja um lugar acessível, perto de casa ou do trabalho, para que possa retirar a compra. O nosso modelo de negócio colabora para que o consumidor tenha mais flexibilidade ao receber seu pedido, especialmente se, por exemplo, não fica ninguém em casa. Desse modo, o e-commerce praticamente zera a taxa de insucesso de entrega, já que os estabelecimentos costumam funcionar por períodos longos e sempre tem um atendente disponível para receber as entregas.

O comércio também tem suas vantagens ao se tornar um ponto Pegaki: de acordo com levantamentos realizados junto à nossa base de credenciados, em média, mais de 30% das pessoas que vão até os pontos da rede para retirar a encomenda acabam comprando algum produto. Assim, esse estabelecimento rentabiliza um espaço físico ocioso com nossa solução, que paga por cada encomenda entregue e atrai novos potenciais clientes para dentro da loja.

Esse modelo fez com que a gente crescesse rapidamente. Iniciamos as operações em Blumenau, Santa Catarina, trabalhando essencialmente com o e-commerce do qual o Daniel era dono e com pouquíssimos pontos em um formato de teste. Mas, em dezembro de 2017, apenas um ano após a nossa fundação, já atendíamos dez e-commerces e somávamos duzentos pontos credenciados, boa parte deles em São Paulo e no Rio de Janeiro. Também nesse ano, conseguimos concluir um processo de aceleração e receber nossa primeira rodada de investimentos. Aquele foi um bom ano para a Pegaki, aprendemos não só que nosso modelo poderia escalar, como também que a metodologia poderia ser aplicada para resolver outros gargalos da cadeia logística do e-commerce.

Veio 2018, e a Pegaki pisou no acelerador. O objetivo era expandir nossa rede de pontos e ganhar a atenção do mercado. Para isso, foram feitos investimentos em comunicação, em marketing e na participação em eventos. A visibilidade gerou interesse, e, mês a mês, fomos crescendo, fechamos contratos com grandes marcas para a atuação como pontos de retirada de e-commerces parceiros.

Nesse momento, na ponta do varejo, já contávamos com parceiros de peso, como Carrefour, AccorHotels, lavanderias 5àSec, Itajaí Shopping e outras centenas de pequenos e médios negócios. Com relação aos e-commerces, o nosso portfólio já cobria Dafiti, Wine, Gráfica Printi e muitos outros pequenos sites. Também fizemos nossa segunda rodada de investimentos e captamos 1,2 milhão de reais. Fechamos 2018 somando quinhentos pontos credenciados, mais que o dobro do ano anterior e dez vezes mais que em 2016. Batemos mais de 30 mil produtos via rede de pontos de retirada, o equivalente a 3 milhões de reais em produtos movimentados. Mesmo ainda longe do *break even* (ponto de equilíbrio financeiro, quando a receita iguala a despesa), percebemos que tínhamos que ampliar não só em escala, mas em escopo.

Já começamos 2019 com a meta de alcançar 3 mil pontos de retirada e lançar novos serviços. O primeiro foi um modelo de ponto de coleta criado especificamente para o próprio pequeno e-commerce, com ação individual ou conectado a grandes *marketplaces*. Os comércios conectados que funcionam como ponto de retirada são os mesmos, mas a operação é diferente: nesse caso, o pequeno e-commerce deixa o produto dele em um dos pontos parceiros da Pegaki. Então, após consolidar um volume de entregas no ponto, uma transportadora parceira passa no local, retira as compras e entrega na casa do cliente final. Desse modo, o pequeno empreendedor não fica exclusivamente dependente dos Correios e ganha uma alternativa flexível, profissional e mais econômica de entrega. Esse modelo em especial cresceu quase cinquenta vezes entre 2020 e 2021. A Pegaki chegou a somar mais de 1 milhão de entregas por mês, e alguns pontos de retirada chegaram a receber 15 mil reais com sua atuação como parceiro Pegaki.

Agora, trabalhamos também com o modelo de entrega reversa: quando o consumidor final, por diversas razões, precisa trocar o produto, pode deixar o pacote no ponto credenciado mais próximo e uma transportadora passa para buscar e devolver ao centro de distribuição do e-commerce para realizar a troca.

Até hoje, a Pegaki soma mais de 6 milhões de pacotes transacionados e mais de 18 mil vendedores atendidos, desde e-commerces e *marketplaces* gigantescos, como Dafiti e Wine, até pequenas lojas virtuais. Ao todo, já viabilizamos mais de 2,5 milhões de reais de renda extra para nossos mais de 2 mil pontos espalhados em mais de 490 cidades. Muitos desses recordes e parcerias foram amplamente divulgados pela imprensa, como você vai ver neste livro.

Já alcançamos quase todas as metas, exceto a de quantidade de pontos de retirada. Ainda não batemos a meta de 3 mil pontos traçada lá em 2019. Nós erramos no prazo, mas atingiremos essa meta até 2022. E não pense que você não vai conhecer detalhadamente uma série de erros que cometemos ao longo do caminho. Eles fazem parte da nossa história e foram fundamentais que a Pegaki viesse a se tornar uma solução logística completa ao longo do tempo. Todos esses serviços juntos representam um conceito chamado PUDO[2] (*pick up & drop off*, ou, em português, deixar e retirar). Você ainda vai ver esse termo muitas vezes aqui, porque foi assim que a Pegaki se consolidou.

E vale aqui um comentário especial para o caráter ecológico da solução: como as entregas ficam concentradas em pontos que já existem e pelos quais as pessoas já passariam naturalmente durante o trajeto, há uma considerável redução na circulação de transportes e, consequentemente, diminuição na emissão de CO_2. Na prática, em vez da

---

[2] Para conhecer mais, acesse o site: pudobrasil.com.br.

transportadora levar dez encomendas, uma para cada canto da cidade, os dez pacotes vão para um endereço só.

Um estudo realizado pela TNO (The Netherlands Organisation for Applied Scientific Research)[3] estima que, se 50% das entregas fossem realizadas via PUDOs, haveria uma redução de 17% nas emissões de CO_2 no modelo de ponto de coleta (trajeto casa-ponto) e de 33% no modelo de ponto de retirada (quando o consumidor passa para buscar). Ou seja, tínhamos uma solução que melhorava a vida de todos e ainda fazia isso do jeito certo, preservando o meio ambiente.

Em pouco mais de cinco anos, a Pegaki se estabeleceu como uma solução completa que descomplica e melhora a experiência logística de quem compra e vende pela internet, beneficiando o todo.

Acredito que alguns princípios foram essenciais para que a Pegaki, uma pequena startup catarinense, conquistasse resultados tão relevantes: simplicidade, funcionalidade e um modelo de negócio barato. Não inventamos um robô falante, não precisamos de nenhuma geringonça nem pensamos em drones, *lockers* ou ações que combinassem tecnologias complexas. A gente simplesmente olhou para o que já existia e redesenhou o processo para que fosse mais eficiente. Já existiam e-commerces grandes e pequenos precisando de alternativa aos Correios, já existiam consumidores insatisfeitos e já existiam comércios interessados em atrair mais clientes para vender mais. A Pegaki conectou os pontos. Simples assim. Éramos uma solução fácil de implementar e crescer.

Neste contexto, essa trajetória meteórica se traduz em duas expressões que soam como música aos ouvidos dos investidores: mercado escalável e crescimento exponencial. E aí, não deu outra: a empresa atraiu milhões em investimentos-anjo em algumas rodadas até ser adquirida, no fim de 2020, pela Intelipost, plataforma líder em gestão

---

[3] KERR, I.; RÓZYCKI, M. How delivery to PUDOs saves emissions. **Last Mile Prophets**, 14 set. 2020. Disponível em: https://lastmileprophets.com/how-delivery-to-pudos--saves-emissions/. Acesso em: 3 ago. 2021.

de fretes no Brasil que trabalha com uma média de 1 bilhão de cotações de frete e mais de 19 milhões de pedidos ao mês.

Mas, para melhor compreender a ascensão da Pegaki como negócio, é preciso afastar a lupa e analisar o contexto macro em que ela se enquadra. No cenário logístico, o crescimento das vendas via e-commerce já vinha ocorrendo e foi exponencialmente acelerado pela crise gerada pela pandemia. E se vende, tem que entregar.

Ampliando ainda mais a visão, a Pegaki faz parte do movimento de inovação gigantesco que é representado pelas startups, empresas que conseguem criar soluções inovadoras para problemas complexos de grandes mercados, sempre por meio da tecnologia e/ou pela reorganização de processos. As startups podem ser divididas por segmentos, mas também pelo estágio em que se encontram e pelas estratégias de negócio. Elas podem estar começando ou já estar consolidadas, se desenvolver com ou sem investimento, optar por se manter independentes ou ser integradas a grandes empresas, ser compradas e ainda assim se manterem independentes (como é o caso da Pegaki), abrir capital na bolsa etc. Existem inúmeras variáveis, e algumas delas serão exploradas aqui.

Dentro desse cenário, a ideia é abrir espaço para discutir as saídas antecipadas, isto é, a aquisição de startups ainda em fase inicial por uma empresa maior. Segundo o livro do norte-americano Basil Peters, *Early Exits*,[4] considerado uma referência no assunto, a saída antecipada é quando uma startup de até 5 anos é vendida por até 30 milhões de dólares. No entanto, diversos especialistas entendem que essa definição não se aplica ao Brasil uma vez que nosso mercado é absolutamente distinto do norte-americano. Basta comparar as diferenças nos valores considerados de série A ou B aqui e nos Estados Unidos para observar

---

[4] PETERS, B. **Early Exits**: Exit Strategies for Entrepreneurs and Angel Investors (But Maybe Not Venture Capitalists). [S. l.]: MeteorBytes, 2009. Saiba mais em: http://www.early-exits.com/. Acesso em: 3 ago. 2021.

a discrepância. Apesar de não haver uma definição formal, diversos especialistas ouvidos para este livro afirmam que saídas antecipadas no Brasil são aquelas envolvendo startups com até 5 anos de fundação em transações cujos valores variam entre 5 e 50 milhões de reais.

Eu e o Eduardo realizamos dezenas de entrevistas, e algumas histórias acabaram extrapolando esses limites, seja pelo valor da transação, seja pelo tempo de vida das startups. Nos perguntamos se deveríamos cortá-las, mas, no fim, decidimos que não. São histórias absolutamente irresistíveis e que contribuem de maneira imensurável para entendermos a revolução que as startups estão causando no Brasil e no mundo. E não temos aqui nenhuma pretensão de escrever um livro técnico sobre o mercado financeiro. No final das contas, essas são histórias de pessoas cujos empreendimentos revolucionaram mercados, de modo que foram vendidos por dois ou três dígitos de milhões de maneira rápida e surpreendente, promovendo o evento de saída e o consequente retorno financeiro para seus empreendedores e investidores. **Chamamos esses eventos de saídas de mestre.**

Feita essa observação, o fato é que o Brasil e o mundo vivem um *boom* de fusões e aquisições nesse formato, até pela maior viabilidade da operação. O que acontece é que, diante da necessidade de inovação imposta pelo mercado e seus consumidores, as grandes empresas se deparam com alguns dilemas: começo a fazer em casa ou compro de quem já sabe fazer? E se a concorrência sair na frente? Em muitos casos, comprar uma startup, não só pelo negócio e pela tecnologia, mas especialmente pelas pessoas que trabalham lá, é a ideia mais eficiente. Às vezes, é a única possibilidade. Todos os segmentos, sem exceção, estão passando por profundas transformações; varejo e mercado financeiro podem ser citados como exemplos gritantes, mas a revolução do mercado é total.

Por isso, eventos de fusões e aquisições de startups vêm ganhando corpo, se tornaram uma alternativa real e fazem parte do ecossistema de startups, beneficiando os empreendedores, que podem embolsar alguns milhões; os investidores, que realizam seus lucros; e as grandes empresas, que têm, nessa estratégia, um caminho para se renovarem e atenderem às necessidades dos seus consumidores. Há, ainda, a possibilidade de a startup seguir se desenvolvendo após a aquisição. Aliás, esse é o melhor dos cenários, é um ciclo que se retroalimenta. Neste livro, vamos apresentar vários cases de startups de diferentes segmentos, mas com uma coisa em comum: todas resolveram um problema complexo de um mercado gigantesco e foram compradas por grandes corporações em transações multimilionárias.

É importante destacar aqui que a venda e a ascensão da Pegaki, assim como todo o movimento de saídas antecipadas, subvertem também um conceito predominante do mercado, que pode dar a entender que a revolução tecnológica e o retorno para os investidores só provêm de unicórnios, isto é, das startups que chegam ao valor de mercado de 1 bilhão de dólares – tão raras quanto o animal mitológico que as batiza. **A verdade é que, se uma revolução depende de um acontecimento raro, não é uma revolução, é apenas um evento pontual.**

A revolução das startups é consistente, real, estruturada e está longe de ser um evento pontual.

O papel dos unicórnios nesse cenário é extremamente relevante. QuintoAndar, 99, Nubank e iFood são empresas incríveis e exemplos a serem seguidos por qualquer empreendedor que queira prosperar. Os unicórnios são a síntese da revolução das startups. Mas não podem ser considerados a visão completa de uma história tão complexa.

A grande maioria das startups que causarão impacto real em seus mercados não vão chegar ao valor de 1 bilhão de dólares, por bilhões de razões. Vamos aprofundar estes dados mais para frente, mas, a título de curiosidade, já adianto que o Brasil conta atualmente com 18 unicórnios, em um cenário de mais de 13,5 mil startups, muitas delas extremamente bem sucedidas. O que quero dizer é que é compreensível que esse valor seja uma meta para o empreendedor e uma obsessão para o investidor, mas não alcançá-lo está muito longe de ser um fracasso. Há um espaço enorme para o sucesso aí, inclusive no pós-venda.

A Pegaki, por exemplo, segue em franca expansão após sua aquisição. Atualmente, temos a meta de alcançar 20 mil pontos até 2024, o que seria um grande acontecimento para o mercado logístico nacional. Para efeito de comparação, os Correios contam, atualmente, com pouco mais de 6 mil agências.

Posto isso, e a despeito dos planos futuros e do sucesso retumbante até aqui, é importante dizer que a jornada da Pegaki não foi linear e de ascensão direta como pode ter parecido até esse momento. Muito pelo contrário. Entre a ideia, a consolidação e a venda do negócio, não faltaram episódios de decisões desastrosas, negociações fracassadas com investidores, reuniões absolutamente frustrantes com clientes, quebra-pau entre sócios, contratações erradas e momentos de quase desistência e até de ameaças de falência. Iminentes derrotas foram revertidas com gols nos quarenta e cinco do segundo tempo.

O xis da questão é que a resolução de problemas é o combustível do empreendedorismo, especialmente quando falamos de startups. O que tende a ser um impeditivo para outros modelos de negócio é matéria-prima de primeira para empreendedor mão na massa. Não se trata de uma visão ufanista ou demagoga: sem problemas, uma startup não tem motivo de existir.

Essa realidade, quando incorporada pelos empreendedores e bem transmitida para o time, forma uma cultura de trabalho capaz de solucionar qualquer coisa que aconteça dali em diante, até porque a startup só nasceu para resolver um problema impossível... até aquele momento.

Resolvi escrever este livro para mostrar, por meio da história da Pegaki, que é possível empreender e ter um negócio que gere impacto no mercado sem precisar obrigatoriamente ser algo complexo, hiper-tecnológico e reservado a alguns poucos gênios. Inovar pode ser algo simples, e talvez o maior desafio seja esse mesmo.

Espero que as próximas páginas colaborem para que você resolva os problemas "impossíveis" do seu mercado e conquiste grandes resultados. Aqui está tudo o que aprendemos e que nos permitiu encontrar as melhores alternativas, superar o que parecia insuperável. E o empreendedor sabe: todo santo dia, ele vai ter que encontrar as pequenas saídas de mestre para que, um dia, encontre sua grande saída de mestre.

A revolução das startups é consistente, real, estruturada e está longe de ser um evento pontual.

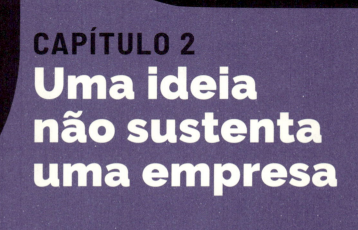

CAPÍTULO 2
Uma ideia não sustenta uma empresa

Seja camelo, seja unicórnio... só não seja uma startup besta

Para além do mitológico unicórnio, o mundo dos negócios é repleto de analogias com a natureza. O setor como um todo, por exemplo, se autodefine como um "ecossistema", o que pressupõe uma lógica darwiniana de sobrevivência pela adaptação. E a comparação faz sentido.

Presumo que você já saiba, mas devo dizer que há um fato preocupante para todos que querem começar um negócio: a maior parte das startups vai morrer pelo caminho. Se a lei da seleção natural se dá pela força e capacidade de adaptação, quando o assunto é startups, os motivos de morte variam: não conseguir resolver um problema relevante no mercado, brigas entre sócios, falta de capital, *timing* no lançamento e consolidação do negócio (uma das variáveis mais incontroláveis do mercado).

De acordo com uma pesquisa da consultoria PwC Brasil, publicada pelo jornal *Folha de S. Paulo*,[5] nada menos do que nove entre dez startups brasileiras estão fadadas à falência. Além disso, um levantamento internacional realizado pela empresa de pesquisa CB Insights com 101 startups que encerraram suas atividades denominado "Top 20 Reasons Startups Fail" (ou, em português, as vinte razões para startups fracassem)[6] foi veiculado na mesma matéria. Entre alguns dos principais motivos, foram apresentados os dados abaixo:

---

[5] MORAES, C. Maioria das startups morre porque ignora os problemas reais do consumidor. **Folha de S.Paulo**, 14 dez. 2019. Disponível em: https://www1.folha.uol.com.br/mpme/2019/12/maioria-das-startups-morre-porque-ignora-os-problemas-reais-do-consumidor.shtml. Acesso em: 3 ago. 2021.

[6] THE TOP 20 Reasons Startups Fail. **CB Insights**, 6 nov. 2019. Disponível em: https://www.cbinsights.com/research/startup-failure-reasons-top/. Acesso em: 3 ago. 2021.

- Em 42% dos casos, o produto ou solução criado não atendeu a uma necessidade real do mercado;
- Em 29%, o motivo da falência foi o pouco capital ou a falta de planejamento na hora de usar recursos;
- Em 23%, a causa foi uma equipe pouco diversa ou a falta de funcionários com funções complementares;
- Em 19%, o modelo de negócio deixou de ser competitivo;
- Em 18% dos casos, houve erro na precificação do item ou no cálculo do custo de produção;
- Em 17% das vezes, houve baixa aceitação do produto por parte do consumidor;
- Em 17%, não foi pensado um plano de negócio para inserir o produto no mercado;
- Em 14%, foi apontado pouco investimento em estratégias de marketing;
- Em 14%, as reclamações e sugestões de consumidores não foram levadas em conta;
- Em 13% das vezes, houve erro no *timing* de lançamento do produto.

Estatisticamente falando, é muito mais provável uma startup fechar do que sobreviver, e o que os números acima demonstram é que é pouquíssimo provável que ela fique entre os raríssimos unicórnios. De acordo com o StartupBase,[7] a base de dados da Associação Brasileira de Startups (Abstartups), o Brasil contava, em julho de 2021, com cerca de 14 mil startups, sendo apenas dezoito unicórnios (0,12%) – o Nubank é a maior delas.

Tendo em vista números tão "animadores" (as aspas significam ironia, só para deixar claro), o mercado, darwiniano que é, tratou de se

---

[7] STARTUP BASE. Disponível em: https://startupbase.com.br/home. Acesso em: 3 ago. 2021.

adaptar. Criou-se, então, mais um bichinho para compor o ecossistema: as startups camelo. No contraponto à obsessão de se tornarem unicórnios, ecossistemas menores começaram a repensar suas estratégias de gestão e crescimento.

Assim como a escolha do unicórnio se deu pelo seu caráter fantástico, a escolha do camelo também se deve às suas características. Camelos sobrevivem sem comida e água por um longo tempo, se adaptam a diferentes condições climáticas e, quando é preciso, conseguem correr por um período considerável. Todas essas habilidades do camelo fazem sentido dentro de um ecossistema no qual a concorrência é grande e os recursos costumam ser limitados.

O grande problema não está na definição do que é uma startup ideal. O problema é se achar um camelo com potencial para ser um unicórnio, mas, na verdade, ser uma "startup besta". Não me entenda mal, mas muitos dos casos de falência poderiam ser evitados com validação do problema. Prova disso é a principal causa de morte de empresas apontada na pesquisa citada anteriormente.

Quando 42% das startups falham porque oferecem um produto ou solução que não atende a uma necessidade real do mercado, nota-se um erro básico e primário de validação do problema. E, se essas palavras soam duras, mais dura é a realidade. O empreendedor não pode dar mole, senão vai falir. E eu não quero que você entre nessa lista.

No que diz respeito à falta de aderência ao mercado, um dos pontos centrais se dá pela obsessão e vaidade do empreendedor. Ele acha que teve uma grande ideia. E, às vezes, teve mesmo. Mas e daí? As pessoas que podem se beneficiar dessa ideia precisam saber que ela existe e por que precisam dela. Nesse sentido, vale destaque para uma confusão muito grande, por exemplo, no conceito e na aplicação de inovação.

É comum inovação ser associada a soluções futurísticas, robôs, uso de inteligência artificial, drones, carros autônomos, exploração de Marte e por aí vai. Nada de errado com essas soluções, muitíssimo pelo contrário. Não há dúvidas de que muito rapidamente elas serão realidade em nossa vida.

Mas, para você assumir um projeto com essa visão, precisa saber responder sim a essas quatro questões:

- **Você tem todas as competências necessárias para isso?**
- **Esse tipo de inovação envolve um investimento alto. Você tem fôlego financeiro para isso ou um bom relacionamento para acesso a capital?**
- **Tem parceiros e investidores que poderão ser aliados nesse projeto?**
- **Está no *timing* certo?** Pode acontecer de uma inovação vir antes do tempo de ser escalada ou, o mais comum, nascer tarde demais.

É preciso fazer uma reflexão séria e honesta sobre esses pontos.

Na outra ponta, existem muitas inovações que podem ser mais simples do que se imagina. Inovar não é somente criar algo completamente novo. Inovar pode ser melhorar, copiar, adaptar e conectar coisas que já existem, tornar algo mais eficiente, barato e escalável. Em um país com tantos problemas básicos a serem resolvidos como é o Brasil, é possível criar algo interessante, rentável e escalável em diversas áreas.

Em uma entrevista para a revista *Época*,[8] Larry Keeley, uma das maiores autoridades do mundo no tema inovação e autor do livro *Dez tipos de inovação*,[9] fez uma síntese interessante: "O ponto de partida para a inovação é a análise. O que os seres humanos estão passando?

---

[8] FRABASILE, D. A tecnologia não é responsável por mais de 5% de uma grande inovação, diz Larry Keeley. **Época Negócios**, 30 out. 2020. Disponível em: https://epocanegocios.globo.com/Carreira/noticia/2020/10/tecnologia-nao-passa-de-5-da-equacao-de-uma-grande-inovacao-diz-larry-keeley.html. Acesso em: 3 ago. 2021.

[9] KEELEY, L. *et al*. **Dez tipos de inovação**: a disciplina de criação de avanços de rupturas. São Paulo: DVS, 2015.

Em que estão perdendo seu tempo? O que está tornando suas vidas difíceis? O que está em seu caminho, com o que eles se frustram? Essas são as bases para grandes inovações".

Em outro ponto da reportagem, o especialista afirma que:

> A questão central de qualquer método científico é entender o que não funciona e o que funciona. As pessoas são atormentadas por um grande número de mitos sobre inovação. Elas pensam que inovar é ser criativo. E não é. É uma questão de disciplina. Pensam que é lançar produtos. E não é. É sobre plataformas que mudam a forma como trabalhamos em um mundo conectado. Acham que é sempre bom ter o maior número de ideias. Por isso, fazem *brainstorming* e se dão tapinhas nas costas se tiverem 317 ideias em uma reunião. Mas isso é uma catástrofe. Quando você começa a olhar para isso como um cientista, descobre que literalmente sempre é melhor ter menos ideias do que mais ideias. É assim que se obtém um melhor retorno sobre o investimento.

Do livro dele, deixo três tópicos interessantes para quem quer se aprofundar:

- **Os dez tipos de inovação são: modelo de lucro, rede, estrutura, processo, desempenho do produto, sistema produtivo, serviço, canal, marca e engajamento dos clientes.**
- **Esses dez tipos estão divididos em três categorias: modelos de negócios, plataformas e experiências.**
- **Inove com a mentalidade de um pirata: seja ousado, sabote as regras existentes e crie as suas próprias.**

Você está realmente a fim de resolver um problema?

Problema é oportunidade. Essa é uma afirmação relativamente pacificada no campo das ideias e dificilmente alguém vai negar isso. No entanto, problema é algo trabalhoso, e não é só questão de planejamento, clareza e organização que precisam ser implementados para a coisa funcionar. Há uma questão fundamental ligada ao comportamento: a maioria das pessoas se acostumou a desviar de problemas no dia a dia, não quer saber deles, entende algumas barreiras como intransponíveis e simplesmente segue o fluxo. "Tem coisa que não muda", "É assim mesmo", e por aí vai. "Eu enviei o e-mail" é a clássica saída corporativa para quem quer tirar o corpo fora e deixar de assumir a responsabilidade. Ninguém quer se envolver.

- **Jogar a sujeira para debaixo do tapete é o modus operandi. As pessoas são engolidas pela rotina, têm medo de perder o emprego, desagradar o chefe, cometer erros, comprometer a carreira etc. e simplesmente não se arriscam.**

Há um aspecto individual nisso, a postura pessoal, mas há de se considerar que o próprio sistema estabelecido (a cultura que permeia esse posicionamento) estimula as pessoas ao convencional e pune a ovelha negra. De maneira geral, somos educados a não errar e a buscar sempre aquilo que é mais seguro e convencional.

Ser dissuadido ou até ridicularizado é comum. "Não vai dar certo", "Se funcionasse, alguém já teria feito", são algumas das frases padrão. O empreendedor se sente sozinho. E, nesses momentos, corre o risco de desistir do próprio negócio ou de fechar acordos ruins, vendendo a empresa para uma corporação que fará a aquisição por um valor muito abaixo do esperado ou criando um sistema de controle que o limitará.

Quem realmente inova está se colocando para resolver algo que ninguém conseguiu até o momento. Vai ser difícil mesmo.

A Pegaki nasceu, cresceu e se alimenta no fértil terreno do problema. Foi em uma palestra que ministrei em novembro de 2014 na Associação de Micro e Pequenas Empresas de Blumenau (AMPE Blumenau), cujo tema era "Empreender é resolver problemas", que reencontrei um antigo amigo da escola, o Daniel. A gente bateu um papo rapidinho ali, depois do evento, mas combinamos de conversar melhor "mais pra frente". Retomamos contato em outubro do ano seguinte.

Numa quarta-feira à tarde, primavera de tempo ensolarado em Blumenau, eu e o Daniel nos encontramos no Amantes do Café, no centro de Blumenau. Entre lembranças e gargalhadas sobre a época da escola, começamos a falar de trabalho. Ele me contou que tinha um e-commerce chamado Solesto, focado em móveis e eletrodomésticos, e estava enfrentando um grande problema com as entregas. Basicamente, ele dependia exclusivamente dos Correios para realizar as entregas e, além dos altos custos, sempre havia clientes reclamando que suas compras não haviam chegado no prazo. O que ele me descreveu pareceu algo bem comum. Eu não tinha muito a acrescentar naquele momento, mas aquilo tinha me provocado, parecia um grande problema.

Nos despedimos e combinamos de pesquisar um pouco mais sobre os problemas de logística.

Obrigado, Google.

Nesse dia, descobri duas coisas: a primeira é que o Brasil não era o único que enfrentava esse problema, era uma questão global. No entanto, havia uma diferença: muitos países já haviam encontrado respostas, especialmente na Europa. Alguns, há décadas. A segunda é que já existia uma empresa começando um negócio nesse ramo em Curitiba, no Paraná (essa história será contada no capítulo seguinte, então, fique atento).

Vou começar pela primeira descoberta.

De acordo com uma matéria veiculada pelo site especializado Ecommercenews Europe,[10] em 2015, já haviam 10 mil pontos de coleta e retirada distribuídos pelo velho continente. A matéria também traz uma pesquisa realizada pela UPS, empresa especializada em cargas, que revela que 32% dos consumidores prefeririam que seus pedidos on-line fossem entregues em locais diferentes de sua casa.

O modelo era especialmente popular na França e na Holanda. Para se ter uma ideia do quão adiantados outros países estão nesse modelo, a francesa Relais Colis[11] opera desde 1983 e registra uma média de 40 milhões de encomendas entregues a partir de seus 5.200 pontos de retirada, número que possibilita que 83% da população chegue a um ponto cadastrado dentro de dez minutos. Além dos números parrudos, esse case é curioso porque prova que o problema de insucesso das entregas vem muito antes do surgimento do e-commerce.

Após a avaliação geral, tudo indicava que os PUDOs iriam crescer por lá, e nos pareceu interessante replicar o modelo aqui, um país continental, repleto de problemas de logística e com um e-commerce em fase de aceleração. Era um problema real, e valia a tentativa.

Por mais que a gente acreditasse no modelo, não poderíamos imaginar o que aconteceria anos depois. Mantendo a Europa como ponto de referência, o crescimento é avassalador. De acordo com uma pesquisa realizada pela consultoria Last Mile Experts em parceria com a startup UPIDO e divulgada em abril de 2021,[12] as estimativas são de que existam mais de 336 mil locais de PUDO disponíveis em toda a Europa, um crescimento de 40% na União Europeia e no Reino Unido em relação aos números de 2019. Segundo os dados da pesquisa, os países que

---

10 AN OVERVIEW of pick up points in Europe. **Ecommerce News**, 2 abr. 2015. Disponível em: https://ecommercenews.eu/an-overview-of-pick-up-points-in-europe/. Acesso em: 3 ago. 2021.
11 RELAIS COLIS. Disponível em: https://www.relaiscolis.com/. Acesso em: 3 ago. 2021.
12 OUT-OF-HOME delivery in Europe 2021. **Last Mile Experts**, abr. 2021. Disponível em: http://www.lastmileexperts.com/news-case-studies. Acesso em: 3 ago. 2021.

mais contam com PUDOs são Alemanha (cerca de 57 mil), França (mais de 45 mil), Reino Unido (quase 38 mil) e Itália (cerca de 36 mil).

No Brasil, tínhamos zero PUDOs em 2015. Atualmente, só a Pegaki conta com mais de 2 mil pontos credenciados e, como já foi dito, almeja crescer dez vezes em dois anos. A meta é realista, porque o problema é real e gigante. De acordo com o relatório Neotrust[13] divulgado em abril de 2021, foram realizadas 78,5 milhões de compras on-line no primeiro trimestre de 2021, um crescimento de 57,4% em relação ao mesmo período em 2020. Em dinheiro, os números representam um faturamento de 35,2 bilhões de reais no período, o que equivale a um aumento de 72,2% na comparação com 2020. A pergunta que fica é: como as empresas vão entregar as compras para os consumidores se a demanda seguir crescendo? A resposta parece simples: as empresas vão precisar de maiores, melhores e mais eficientes alternativas logísticas.

Por que usar tantos dados para comprovar que a tese da Pegaki é válida?

Porque um erro clássico de quem começa uma startup é não começar pelo problema, e sim pelo produto. É isso que corrobora para a principal causa de mortes das startups, pois há um grande investimento no desenvolvimento do produto sem validar se de fato ele resolve um problema. Outra questão é a falta de pesquisa; não há análise aprofundada de outras empresas ou territórios que encontraram outras formas de lidar com o desafio que a startup se propõe a resolver.

O problema ideal é aquele que pode ser validado com pessoas e empresas que contam com soluções similares rodando, mas não de forma eficiente. Não há uma regra exata para validação, mas um número de referência considerável seria, no mínimo, cinquenta pessoas. Trata-se de uma amostragem de feedbacks que tende a gerar economia de tempo e dinheiro em um futuro bem próximo.

---

13 RELATÓRIO Neotrust 7ª edição. **Neotrust**, abr. 2021. Disponível em: https://www.neotrust.com.br/. Acesso em: 3 ago. 2021.

Veja exemplos práticos de ideias claramente validadas. As pessoas sempre venderam ou colocaram para alugar seus imóveis, mas o mercado era ineficiente: nasceu o QuintoAndar. As pessoas precisavam de atendimento de saúde rápido e com qualidade, mas o mercado era ineficiente: nasceu o dr.consulta. As pessoas sempre precisaram de transporte, mas o mercado era ineficiente: nasceu a Easy Táxi, a Uber. A lista de inovações sob essa premissa é imensa.

Além disso, há uma questão prática: começar a desbravar um problema desconhecido, geralmente, necessita de muito capital, especialmente para criar a solução e educar o mercado para usá-la – afinal, ninguém sabe que tem o problema, então a demanda não está sedenta. Um dos motivos de a Pegaki ter conseguido se estabelecer rapidamente é que a questão da logística de entregas é um problema nítido, que já existia e todo mundo sabia. E isso lá atrás, em 2015, muito antes do *boom* brasileiro.

Enfim, o fato é que muitos problemas já estão escancarados, há soluções ineficientes na praça e, sem dúvida, é possível fazer melhor, mais rápido, de maneira mais eficiente e mais barata sem precisar reinventar a roda.

- **Acredite: é o básico que dá dinheiro.**

O empreendedor não pode dar mole, senão vai falir. E eu não quero que você entre nessa lista.

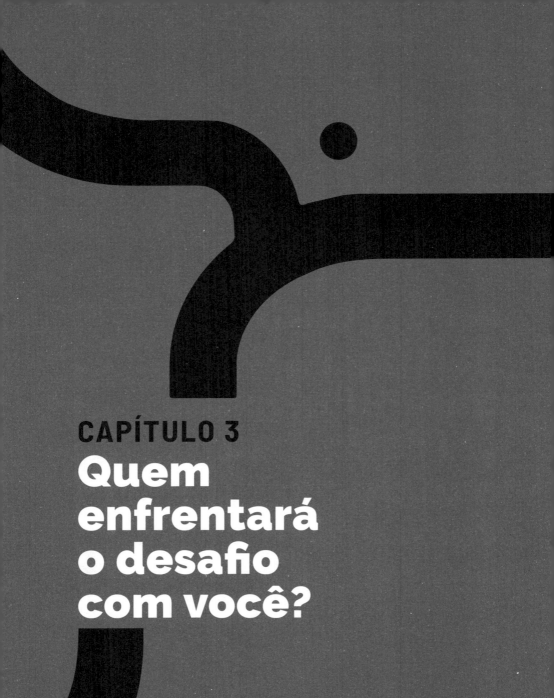

CAPÍTULO 3
Quem enfrentará o desafio com você?

Ninguém cria um grande negócio sozinho, e você

vai precisar de pessoas para trabalhar ao seu lado. Quando falamos de sociedade, o assunto é ainda mais complexo. Encontrar os sócios certos não é uma tarefa fácil, mas é determinante para o sucesso ou o fracasso do empreendimento.

Para ficar mais claro: se as pessoas que encabeçam o projeto estiverem desalinhadas, é quase certeza que o negócio não vai para a frente. Só quando estiverem alinhadíssimas é que começarão os desafios, mas aí é possível que sejam vencidos. Pessoas desalinhadas são capazes de, literalmente, boicotar o próprio sucesso. Nesse contexto, há uma série de aspectos que devem ser analisados, tanto pessoais como profissionais.

Em média, uma startup é fundada por dois ou três empreendedores e reserva um percentual de participação para oferecer a pessoas estratégicas do time durante o caminho. Logo de início, três papéis são essenciais: vendas e negócios, operação e tecnologia. Os sócios vão se distribuir entre essas atividades, e o ideal é que tenham perfis complementares para que um possa resolver aquilo que os demais não fazem bem.

Inclusive, esse foi um ponto que atraiu a nossa aceleradora. O André Fróes, CEO e cofundador da Cotidiano, empresa com a qual fizemos nosso programa de aceleração, é um cara fundamental para nossa história, até porque foi lá que tudo começou. Ele sempre fala que um dos grandes diferenciais da Pegaki desde o início era a versatilidade de habilidades do nosso time de sócios.

Nesse sentido, é importante se atentar para a parte de tecnologia. Um erro muito comum das startups é terceirizar a sua base tecnológica, sendo que esse é justamente um dos principais ativos de uma empresa de inovação. Isso acontece porque os executivos, em geral, sabem o que querem, mas não são programadores e não têm competência e habilidade para tirar do papel a ideia e de fato conceber a solução. Assim, terceirizam essa missão para tentar concretizá-la mais rapidamente. Ocorre que a tecnologia faz parte do DNA da startup e precisa ser desenvolvida internamente – ela representará muito do valor do negócio. Por isso, se o "cabeça" da tecnologia entrar como sócio, melhor ainda.

Da perspectiva pessoal, é importante conhecer bem os futuros sócios. Se tivesse que dar um lance mínimo, conhecer há um ano pelo menos. Só com o tempo dá para realmente conhecer uma pessoa, seus valores, seus princípios, suas habilidades práticas, seus defeitos e suas qualidades. Assim como você dificilmente se casaria na primeira semana depois do primeiro encontro, também não deveria fechar uma sociedade em pouquíssimo tempo de convívio. E eu quase cometi esse erro, o que nos remete à segunda descoberta da pesquisa que realizei e que abordei no capítulo anterior: já existia uma empresa começando esse negócio no Brasil.

Que eu queria fazer negócio com o Daniel, eu já sabia desde o nosso primeiro café. Mas, como já havia uma startup começando no mesmo nicho, meu primeiro pensamento foi o de unir forças. Procurei o fundador da empresa no LinkedIn, a quem vamos chamar de Carlos. Adicionei ele, mandei uma mensagem me apresentando e dizendo que tinha interesse em fazer o mesmo negócio, que talvez pudéssemos conversar. Fui direto. Para minha surpresa, ele respondeu em poucas horas, dizendo que estava na França, mas que o seu sócio de Curitiba, a quem vamos chamar de Alberto, poderia estar na minha cidade em uma semana. Isso era novembro de 2015. Coincidência ou não, Carlos era francês, sendo que a França talvez fosse o país com a maior tradição em pontos de retirada e coleta, como apontaram as minhas pesquisas. Isso me pareceu legal.

No dia combinado, já em dezembro, fomos tomar um café no Offcina Café Coworking. Na conversa, notei, no discurso do Alberto, muita vontade e conhecimento do mercado logístico. Entre diversas histórias, ele me contou que os dois eram ex-executivos de uma grande marca de carros antes de tentar esse novo negócio. Aquela informação aplicada ao contexto e ao perfil dos caras começou a me gerar algumas percepções. O que quero dizer é que trabalhar em grandes corporações tem suas vantagens, mas também pontos fracos. Uma companhia desse porte tem rotinas e processos completamente distintos da realidade de uma startup.

Vou demonstrar com um exemplo prático: eles realmente conheciam os gargalos do setor logístico, o problema estava claro para a dupla. Até aqui, beleza. A questão era o que eles faziam com a informação. Eles haviam investido bastante dinheiro no desenvolvimento de panfletos, site, brindes, equipamentos etc. E não fizeram tudo que uma startup tem que fazer: testar rápido, validar hipóteses, tentar escalar e gastar pouco ou nada com qualquer coisa que não seja isso. E ainda não tinham vendido nada. Por fim, Carlos estava longe do negócio, morando na França, enquanto Alberto estava dividido em outros trabalhos. Na minha cabeça, aquilo era a fórmula ideal para o fracasso do negócio.

Mas, como problema é oportunidade, foi aí que entramos. Eu e o Daniel éramos apenas jovens empreendedores em busca de problemas que pudessem ser transformados em grandes negócios e tínhamos alguma experiência de mercado. O que aparentemente poderia ser uma grande desvantagem, naquela negociação, se mostrou uma grande vantagem. E o Alberto concordou com o fato de que poderíamos agregar à empresa. Eles tinham algum capital e a marca, mas a gente tinha o conhecimento de como a banda toca quando o assunto são startups, até porque eu e o Daniel já havíamos tido algumas experiências anteriores.

Cerca de dois dias depois da primeira conversa, recebemos uma caneca da empresa com o nosso nome gravado. Foi um gesto de carinho deles, de valorização, e eu entendo isso como uma gentileza, um flerte para o avanço das negociações, mas, infelizmente, me gerou um grande desconforto. O meu primeiro pensamento foi: *eles ainda estão gastando dinheiro com besteira. Nós não precisamos de canecas, precisamos de um cliente.*

Quando se ouve falar sobre mudança de mindset, ou, em português, a maneira de pensar, parece que se fala em algo subjetivo, parece uma "gourmetização" ou invenção de um termo inútil. Mas, quando se tem uma proposta de startup que não está validada, com sócios que não estão 100% dedicados ao negócio, e esses caras estão gastando dinheiro com uma caneca, percebe-se que mindset é uma questão profunda e mais prática do que teórica. Mesmo assim, insistimos.

Duas semanas depois, em meados de janeiro de 2016, nos encontramos (de novo) no Offcina para um café. Dessa vez, o Daniel foi junto. A ideia era formalizar nossa parceria. Chegamos lá com um projeto desenhado. Planejávamos pedir 50% de participação no negócio, oferecendo o que eles não tinham: execução e conhecimento no desenvolvimento de startups. Papo vai, papo vem, cabeça balança pra cá, pra lá, o Alberto nos propôs 25%. Tentamos explicar que não fazia sentido, contra-argumentamos, mas sem chance. Ele não cedeu, e ficou aquele clima de "forçação de barra" meio constrangedor, com ambos os lados se sentindo desconfortáveis. Não foi legal. Respeitamos o limite e ficamos de ir "nos falando". Obviamente, nunca mais nos falamos, e a negociação acabou ali.

A real é que a gente minimizou a nossa percepção de que não havia *fit* cultural entre nós e a dupla de sócios. A nossa intuição sempre toca uma sirene, é a gente que escolhe não ouvir, e aí o caldo entorna em algum momento. Evilásio Garcia, fundador da AgileProcess, tem uma frase que é a mais pura verdade: "A diferença entre a persistência e a teimosia é um fio de cabelo". E a gente foi teimoso ali.

Moral da história: não faça negócio com quem você não conhece bem e escute sua intuição. Aquela sociedade não ter dado certo foi a melhor coisa que poderia ter acontecido, porque a gente já tinha percebido lá atrás a falta de sinergia e mesmo assim insistiu. A gente comprou a ideia do negócio, mas não comprou os empreendedores desde o início, só que ignoramos esse fator. Mais adiante, será explorada a perspectiva de quem compra empresas, mas já te adianto: pessoas não estão somente em primeiro lugar em um movimento de fusão e aquisição, elas são o principal ativo da operação.

Novembro de 2015 a janeiro de 2016. Foram três meses investindo tempo nesse negócio que não vingou. Não vou dizer que foi um desperdício, já que aprender o que não fazer é sempre importante. Mas, ao fim, voltamos para a estaca zero, o que é sempre frustrante.

Sacudida a poeira, eu e o Daniel dissemos que iríamos seguir com a ideia e criar um negócio de pontos de retirada. Por mais que aquela experiência não tenha dado certo, o modelo tinha potencial. Só que a gente sabia que precisava de mais uma pessoa, alguém de tecnologia. Na hora, eu o Daniel soltamos juntos: "Ismael!". O Isma é um cara que conhecemos na época da escola, lá na primeira metade dos anos 2000. Daqueles que quando você vê na rua, de longe, já abre um sorriso. Figuraça.

Nesse momento, eu e o Isma estávamos tocando a Connect Moves, uma startup focada em conectar pessoas para praticar exercícios. Como muitos outros negócios que toquei, essa empresa não vingou. Marquei com o Isma no Offcina Café, o mesmo em que fui para falar pela primeira vez com o Daniel.

Foi um papo de mais ou menos três horas, foi longo. Não chegou a ser tenso, mas intenso e sério, algo até incomum para nossos padrões de amizade. Eu e o Dani apresentamos a ideia no detalhe, falamos das nossas expectativas, das possibilidades que a gente havia enxergado, da experiência frustrada, de tudo. A estrutura da empresa ficou assim: eu iria cuidar da área de vendas e marketing, Daniel seria o responsável pelo operacional e Ismael, obviamente, tecnologia.

Nessas três horas, rolaram conversas difíceis também: quem vai ficar com quanto da empresa, quais seriam as responsabilidades de cada um, quais seriam os próximos passos, o que não seria tolerado, e, já ali, iniciamos uma conversa sobre o caso de uma venda. Sim, a gente já pensou nisso naquele momento, isso será detalhado mais para frente. É menos difícil ter conversas duras e intensas com quem é próximo, como é o caso do Isma, mas mesmo assim, foi difícil. Saímos de lá já no cair da tarde, exaustos.

Tão importante quanto o problema que sua startup vai resolver é conseguir estar acompanhado das pessoas certas. Por isso, ter um alinhamento muito claro com relação aos valores e princípios éticos e morais de cada um, assim como ter uma perspectiva clara de planos para o presente e para o futuro é essencial para qualquer parceria. Conversas difíceis devem acontecer sempre, mas, sobretudo, antes de fechar o acordo societário. É importante alinhar tudo, desde as atribuições de cada um, responsabilidades, até combinar saídas para possíveis desencontros e impasses. O combinado não sai caro.

A transparência é tudo nesse momento. Se as pessoas que querem se tornar sócias estão em situações financeiras muito diferentes ou com profundas divergências sobre planos futuros, elas dificilmente vão funcionar juntas. Esse assunto precisa ser trazido de maneira adulta e madura para o debate. Muita gente fala que não tem nada a ver, que não liga, mas, na prática, sabemos que não é bem assim. Em algum momento, pessoas podem se sentir lesadas, e isso tende a se tornar um problema grave que pode até destruir a empresa. Essa parte, entendo que fizemos direito.

Mas há de se considerar o fato de nós três termos estudado juntos, o que contribuiu para que avançássemos muito rapidamente. Hoje, percebemos quanta sorte tivemos, pois negligenciamos algumas etapas importantes para a consolidação de uma sociedade. Vale a dica de investir em um bom advogado e em um contador para o negócio desde o início. Pode parecer clichê, mas nós também não fizemos isso na Pegaki e depois nos arrependemos. Na hora de uma possível saída antecipada, todos esses detalhes jurídicos e contábeis desorganizados fazem uma grande diferença e podem, inclusive, prejudicar ou até cancelar uma possível proposta de aquisição na hora da diligência.

Um exemplo prático: a nossa primeira contabilidade ofereceu nos atender de graça enquanto não tínhamos faturamento e, na hora, nós, ingenuamente, achamos ótimo. Só que, seis meses depois, começamos a ver alguns problemas. Um dos mais graves foi que o investimento que recebemos foi lançado como empréstimo, e isso, mais para frente, não só foi questionado por investidores, mas também quase nos impediu de realizar captações.

Depois de vários erros, decidimos trocar de contabilidade, e, para nossa surpresa, além de todos os erros que tivemos que pagar para corrigir, essa contabilidade nos cobrou o período de trabalho que ela mesma tinha nos oferecido + multas rescisórias.

Outro vacilo nosso: não consultamos nenhum advogado para assinar os contratos com os investidores ao longo do tempo. A gente fez tudo sem nenhum acompanhamento jurídico do nosso lado; recebíamos o contrato, fazíamos a nossa leitura e já era. Quando a gente foi vender a empresa, aí contratamos um cara fera, o Felipe Barreto Veiga, sócio da BVA Advogados. E foi nessa hora que poderíamos ter problemas jurídicos na transação. Graças ao Felipe e sua equipe, não tivemos..

Enfim, cagadas de primeiríssima qualidade.

Nós erramos aqui, e recomendo que você não repita isso com a sua empresa. Além disso, o que não faltam são histórias de negócios destruídos por brigas jurídicas entre os sócios. Não negligencie esse ponto, vale a pena investir em um bom advogado antes mesmo de começar para evitar problemas futuros.

O mecanismo de *vesting* também é muito utilizado durante a criação de uma nova sociedade. Na prática, o *vesting* é um contrato que prevê uma aquisição progressiva de direitos sobre o negócio, garantido que a participação acionária de sócios e funcionários da empresa seja compatível com o tempo e envolvimento real que eles tiveram no crescimento e sucesso da companhia.

Suponhamos que dois sócios criaram uma startup, cada um com 50%. Só que eles brigam e rompem a sociedade em seis meses, e um deles continua tocando o negócio. Alguns anos depois, a empresa é vendida por milhões. Sem o acordo de *vesting*, o sócio que saiu da empresa poderia exigir os 50% mesmo não tendo participado do sucesso. O mesmo acontece com algum funcionário contratado sob esse modelo, uma prática muito comum no ambiente de startups.

Geralmente, o *vesting* é de quatro anos, sendo que o direito é "vestido" gradualmente a cada ano completado no negócio. Isso garante que o empreendedor não vai dar toda a participação de cara para um colaborador que pode vir a não performar tão bem ou até abandonar o barco. Mas, se ele ficar, sem dúvida, será um ótimo negócio para todos.

Preciso me preocupar com tudo isso desde já?

Muitas vezes, começamos um negócio sem dinheiro, e a tentação é contratar sempre os profissionais mais baratos, isso quando não decidimos acumular funções e nos meter em áreas que não dominamos. Sendo muito direto: certas economias são burras. É necessário ter um capital mínimo para começar o negócio com segurança, e é preciso maturidade para compreender essa questão.

Outro ponto fundamental: para empreender é necessário autoconhecimento. O momento de escolher futuros sócios é um dos mais delicados da jornada, e isso não é apenas sobre os sócios, é também sobre você. Conhecer a si mesmo e reconhecer seus pontos fortes e fracos vai ajudar na hora de trazer alguém que o complemente.

É preciso ser criterioso, ter conhecimento técnico para saber escolher e coragem para bancar essa escolha, além de, é claro, uma boa dose de intuição. Não ignore a sua intuição.

Começar um negócio não é uma coisa simples, portanto, todo investimento realizado em autoconhecimento é válido. Processos de coaching bem executados são muito bem-vindos. Testes comportamentais e de personalidade, como o popular DISC, são algumas ferramentas que também podem ajudar nesse momento de autoconhecimento. Além disso, qualquer tipo de prática de esporte ou meditação tem grande chance de melhorar a qualidade de vida e trazer mais clareza mental para as tomadas de decisão.

Somos sócios, e agora? Qual é o nome da empresa?

Fechado o time de sócios e a concepção do projeto, queríamos um nome muito simples, curto e que remetesse ao que iríamos fazer.

Muitas histórias divertidas envolvem a criação e a repercussão do nosso nome ao longo do tempo. Durante uma sessão de *brainstorm*, de novo em uma tarde na mesa do Offcina Café – dessa vez em uma conversa mais leve –, alguns nomes foram usados como referência do que queríamos. A nossa principal referência era o Reclame Aqui. Um nome fácil e autoexplicativo. É difícil chegar nesse grau de simplicidade.

Alguns nomes vieram à mesa até que, já passados uns trinta minutos, o Ismael solta: "Compre on-line e 'pega aqui'". Todo mundo caiu na gargalhada dada a conotação infantilmente maliciosa do "pega aqui". Foi um misto de risada e constrangimento entre homens adultos no seu melhor momento "quinta série". A gente riu e ironizou a ideia por alguns minutos, mas percebemos que, de fato, era um nome curto, que se autoexplicava, parecido com o "Reclame Aqui". E quando você quer que algo aconteça, sempre dá um jeito de justificar. Alguém ainda relativizou: "O nome é bom, nada ver, a maldade tá na cabeça de quem escuta". "É verdade, é claro", concordamos todos, ironicamente, ainda rindo. Só que os outros nomes eram horríveis, ninguém tinha uma ideia melhor. Eu lembro que peguei um guardanapo e, ali, na hora, escrevi, ainda rindo, "Pegaki", assim, com K mesmo, tudo junto. E foi assim que, em fevereiro de 2016, nasceu oficialmente a Pegaki.

Bem, não vou dizer que foi uma surpresa, mas, se a maldade está na cabeça de quem escuta, como concordamos na mesa do Offcina Café, a conclusão a que chegamos é de que ela está na cabeça de muita gente. Quando chegávamos a algum cliente e nos apresentávamos na recepção, direto rolava uma risadinha. A gente ficava até sem graça no começo, já esperando a reação das pessoas, mas aí percebemos que a graça era uma forma de personalizar a nossa presença, o nosso negócio. As pessoas riam, mas se lembravam da marca. O nome nos ajudava a não passar batido. **O bom humor é um ativo valioso.**

Inclusive, temos uma passagem divertida sobre o nome, que aconteceu já no processo de aceleração, lá em Brasília, como relembra o André Fróes. "Vocês formavam um time fortíssimo, tinham uma visão da tendência, tudo indicava um grande negócio, como se comprovou. Mas o que divergia era o nome. Pensávamos que 'Pegaki' era difícil virar. O Dudu (Eduardo Pinto), nosso sócio, até questionou o Daniel no primeiro *pitch* (discurso de venda) e ele respondeu: 'Pode ser ruim, mas é mais fácil de gravar!'. No fim, a convicção do time fez a diferença, e que bom que não mudou".

Pouco mais de dois anos depois, em abril de 2018, saiu nosso primeiro grande destaque na mídia, uma matéria no site da *Exame*.[14] A reportagem era enorme, detalhada e extremamente elucidativa. Em determinado trecho do texto, o repórter Thiago Lavado mandou essa: "O nome é infame, mas o objetivo é nobre: criar uma rede de pontos de retirada de mercadorias, eliminando assim uma das grandes deficiências do varejo eletrônico no país". A piada novamente estava ali, mas a mensagem também estava, exatamente da maneira que a gente queria passar.

---

[14] LAVADO, T. Pegaki: o e-commerce vai tirar você de casa. **Exame**, 12 abr. 2018. Disponível em: https://exame.com/pme/pegaki-o-e-commerce-vai-tirar-voce-de-casa/. Acesso em: 3 ago. 2021.

**Para empreender
é necessário
autoconhecimento.**

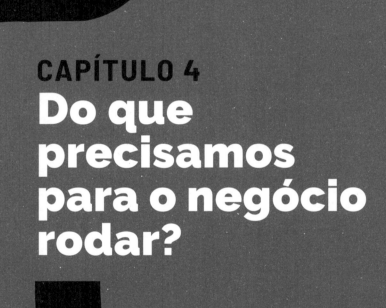

CAPÍTULO 4

Do que precisamos para o negócio rodar?

Em meados de março de 2016, cada um dos sócios continuava envolvido em outros projetos, por isso, reservávamos algumas horas da semana para nos reunirmos no já consagrado Offcina Café (Se forem a Blumenau, visitem!) e desenhar os primeiros esboços do MVP (*Minimum Viable Product*, ou, em português, Produto Viável Mínimo) com zero investimento financeiro inicial. A velocidade de evolução era muito pequena, o motivo só fomos entender na prática e pouco tempo depois: sem foco total não se desenvolve uma startup, ainda mais algo novo, com pouco histórico e referências positivas no mercado local.

Tentamos validar o problema e a proposta de valor de forma rápida e barata. Primeiro, decidimos usar o e-commerce do Daniel como grande laboratório. Não fazia sentido contatar mais nenhum negócio naquele momento, até porque a gente imaginava que haveria interesse dessa ponta. Claro que teriam outras dificuldades de implementação, mas a dor existia. A ponta que precisávamos convencer para começar a testar era a dos comércios que atuariam como ponto de retirada. O plano foi cadastrar o maior número possível de pontos e rodar algumas entregas no e-commerce do Daniel para testar. E assim foi.

Mapeamos alguns comércios da cidade de Blumenau que já conhecíamos, aí ligávamos ou íamos até lá pessoalmente convencê-los a serem pontos de retirada. Eram comércios de amigos dos amigos, de parentes, indicações. A realidade é que quase ninguém entendia o que a gente estava propondo, e muitos concordavam meio que para encerrar o assunto. O nosso *pitch* de venda também estava se ajeitando ali.

Oficialmente, nosso primeiro ponto foi uma lan house dentro da Cooper Garcia, um supermercado bastante popular em Blumenau. Quem fez o primeiro contato foi o Daniel, e uma senhora topou ali mesmo, pelo telefone. Aí, pegamos alguns clientes que haviam realizado alguma compra no e-commerce do Daniel e perguntamos se era mais fácil para eles retirarem as compras na Cooper. Um disse que sim. Veja que foi tudo na mão, zero tecnologia. A gente literalmente forçou uma operação para ver o que aconteceria.

Pois bem, em uma segunda-feira de manhã, fomos eu e o Daniel deixar o pacote da compra no supermercado para o cliente do e-commerce ir retirar. Eu não vou conseguir lembrar exatamente como foi o diálogo do Daniel com um funcionário do local, mas foi algo nesse sentido:

— Olá, tudo bem? Nós somos da Pegaki. Conforme o combinado por telefone, viemos deixar a nossa encomenda para o cliente retirar. Tá aqui o nome dele. Ele deve passar entre hoje e amanhã pra retirar.

— Rapaz, eu não sei do que você está falando, não estou autorizando a receber nada, não.

— Eu falei com uma senhora na sexta-feira. Nossa empresa é nova, então a pessoa compra pelo e-commerce, mas retira aqui na sua loja. Ainda tem a chance de a pessoa comprar alguma coisa, já que ela vai estar por aqui. Pode ficar tranquilo.

— Ah, entendi. Mas eu não sei do que você está falando, não estou autorizado a receber, não.

— E o senhor pode chamar a senhora que conversou comigo para ela autorizar?

— Agora ela não pode atender.

Nessa hora, o Daniel me olhou virando cabeça, com aquela cara de "olha o que nos aguarda".

De tanto insistir, o cara do mercado ficou com a encomenda, e nós fomos embora. No mesmo dia, ligamos para o cliente para perguntar se ele tinha ido buscar sua encomenda, se tinha dado tudo certo. "Deu tudo certo, sim." Aos trancos e barrancos, meio que forçada, rolou a primeira entrega!

Foram incontáveis as vezes que passamos por situações como essa nesse período de testes. Havia ainda muita desconfiança, afinal, infelizmente, o que não faltam são picaretas no mercado. As pessoas estão sempre desconfiadas. É óbvio que teve momentos em que a gente pensou em desistir, é difícil ter que convencer as pessoas o tempo todo. É cansativo, desgastante. Mas chegou um ponto em que chegamos a uma conclusão: a melhor ideia era transformar cada objeção em aperfeiçoamento do nosso modelo.

As mais comuns eram:
- **"E se me roubarem?" – desenvolvemos uma política de seguro para os produtos;**
- **"Isso vai dar mais trabalho do que retorno" – mapeamos a porcentagem das pessoas que iam retirar o produto e compravam algo;**
- **"E se a pessoa não vier buscar?" – nos prontificávamos a voltar e retirar o produto.**

Nosso argumento de venda também ficou pronto: "Utilize um pequeno espaço ocioso de sua loja em troca de um novo fluxo de pessoas, mais circulação no local, potenciais clientes, divulgação e uma pequena receita adicional". Esse argumento funciona até hoje.

Poucas semanas depois, algumas entregas começaram a acontecer. Quando algum cliente escolhia essa opção de entrega, nós levávamos o produto com nosso próprio carro até o ponto escolhido. Então, conversávamos novamente com o dono do estabelecimento sobre o processo e avisávamos o cliente final de que ele poderia passar lá para buscar.

Literalmente batendo de porta em porta, no primeiro ano, cadastramos dez lojas locais, algumas quase que descrentes do processo.

A gente foi fazendo tudo na mão e, pouco a pouco, colocando tecnologia e processos otimizados. Era preciso entender o funcionamento da operação na prática. O objetivo era descobrir se haveria aceitação por parte do cliente, da loja usada como ponto de retirada e quais seriam as avaliações gerais sobre o funcionamento do serviço para todos os agentes envolvidos.

O esforço foi grande, mas os resultados começaram a se apresentar: os primeiros feedbacks foram positivos, e o principal motivo para o cliente final escolher essa opção de retirada era não estar em casa para receber o produto. Foi assim com dez, vinte, cinquenta, cem pedidos. Estava começando a acontecer!

Nos primeiros seis meses – a fase de teste –, cada um de nós continuava em outros trabalhos que, na verdade, eram os projetos principais até então. Só que o cenário estava começando a mudar, e muita coisa aconteceu no meio do caminho. A Pegaki começava a demandar mais tempo e se mostrava promissora, boas oportunidades apareciam. Precisávamos escolher um lado. Precisávamos investir em tecnologia, infraestrutura, pessoas, crescimento. Precisávamos de capital.

A saga pelo investimento: erros e acertos

O jeito fácil de contar a história dos investimentos da Pegaki é seguir uma linha do tempo básica:

Ao longo desses cinco anos, saltamos de zero pontos de retirada para uma rede com mais de 2 mil pontos em todo o Brasil, acumulando mais de 6 milhões de entregas transacionadas, atendendo desde pequenos e-commerces até os gigantes do setor. A história bonita é essa, e não é mentira.

Só que, do jeito que foi apresentado acima, parece que foi uma jornada fácil e linear, na qual todo o contexto nos favoreceu, tudo aconteceu de forma natural e, em momentos-chave, nós sempre tomamos as melhores decisões. E não foi nada disso que aconteceu. Se você tiver disposição para conhecer o lado exaustivo, mas verdadeiro, da história, respire fundo e vem comigo.

Eu comecei a fazer contato com alguns potenciais investidores em maio de 2016, quando a gente tinha apenas três meses da fase de teste. Fui receber um retorno só em agosto. Era uma aceleradora de Brasília, a Cotidiano, recém-criada e que estava montando sua segunda turma de aceleração, que aconteceria a partir do mês seguinte. As startups precisariam ficar quase dois meses em Brasília recebendo mentoria e treinamento e, ao fim desse período, receberiam um investimento de 75 mil reais líquidos. Confirmei interesse.

Logo na sequência, ligaram e pediram uma reunião à distância com duração máxima de uma hora para a entrevista final. Fiz o *pitch*, eles apresentaram a proposta, conversamos. Ao todo, cem startups de diversas regiões do país se inscreveram, e seis foram selecionadas. Nós fomos uma delas. Fiquei de dar um retorno.

Esse foi o primeiro grande momento de decisão e de virada de chave do negócio. Teríamos que abdicar de outros projetos e, pela primeira vez, ficar dedicados à Pegaki em tempo integral, dividindo o mesmo quarto durante dois meses a mais de mil quilômetros de distância de casa. Apesar de o negócio já estar mostrando potencial, ainda não dava dinheiro, estávamos em uma fase muito inicial. Para se ter uma ideia, nem sequer tínhamos uma empresa aberta naquele momento.

A verdade é que certas decisões na vida são tomadas quando você não tem todas as variáveis na mão para ter certeza do que fazer. Está na moda falar em decisão baseada em dados, mas nem sempre todos eles existem. Ou, quando existem, podem, ainda, não te levar a uma conclusão 100% precisa. Você elenca probabilidades, prós e contras, analisa, mas, ainda assim, o resultado é uma dúvida. É preciso fazer uma escolha com a visibilidade comprometida. **Decisões têm consequências, indecisões, mais ainda.** Quer saber? Foda-se. Topamos.

Aceleramos a papelada para receber o investimento e pedimos um adiantamento para custear passagens e hospedagem. No dia 28 de setembro de 2016, eu, Daniel e Ismael embarcamos para Brasília. Aquele foi o nosso dia D. Ficamos em Brasília durante as sete semanas seguintes, com algumas mentorias, treinamentos e validações. Dividir um quarto com os sócios, ficar imerso o dia inteiro no negócio e ouvindo as mais diferentes visões foi, de fato, um divisor de águas para a Pegaki existir concretamente. Não se trata só dos elementos técnicos que ouvimos lá ou do dinheiro que recebemos, mas da sintonia entre nós. O que queríamos para nossa vida, o que imaginávamos como caminho para a nossa startup.

Tem algumas histórias engraçadas lá de Brasília. A gente estava pilhado, com a cabeça 100% no negócio. Como a nossa operação estava parada em Blumenau – afinal, estávamos longe e éramos só os três na empresa –, no tempo livre, a gente começou a tentar transformar tudo que era comércio de Brasília em ponto de retirada. Em uma dessas situações, eu, Daniel e Isma começamos a bombardear um cara, dono de uma loja que vendia açaí. A gente deve ter ficado falando uns vinte minutos, um atrás do outro, até que percebemos que o cara estava prestando atenção, mas não respondia, não falava uma palavra. Então o Ismael perguntou: "Mas e aí, o que você acha? Topa ser um ponto de retirada?".

"Não, mas eu gostei de conversar com vocês. Levem aqui um presente e boa noite", respondeu o sujeito, nos estendendo uma sacola e meio que nos acompanhando para fora. Saímos meio constrangidos com o corte seco e, enquanto andávamos em direção ao nosso dormitório, abrimos a sacola: não conseguimos o ponto, mas ganhamos um potão de açaí. Fazia um calor infernal em Brasília, não foi de todo mal.

Voltamos para Blumenau no fim de novembro de 2016. Era hora de transformar a ideia em negócio de verdade. Tínhamos que nos fortalecer em nossa cidade, mas estávamos decididos a expandir em São Paulo. Alugamos um pequeno espaço em um coworking na nossa cidade e passamos os seis meses seguintes exclusivamente focados no negócio, na abertura de novos pontos de retirada e na conexão com novos e-commerces. Foi nesse momento que contratamos o nosso primeiro estagiário, o Gabriel. Falaremos dele mais adiante.

Dos 75 mil reais que recebemos, 7 mil foram para nossas despesas de alimentação e estadia nos quase sessenta dias em Brasília e para as passagens. Sobraram 68 mil reais, com os quais começamos 2017.

Na nossa planilha de custos, tínhamos:

- **Custos com o desenvolvimento do nosso software para mapeamento dos pontos e para a conexão com os e-commerces;**
- **Subsídio dos pontos de retirada** (nessa época, pagávamos 100 reais para cada ponto para testar e forçar o modelo. Chegamos a cinquenta pontos no meio de 2017, somando incentivos de quase 5 mil reais em dado momento, quando interrompemos essa estratégia);
- **Passagens e estadia para eventos em São Paulo e Rio de Janeiro (variável);**
- **O aluguel do coworking (mil reais);**
- **O salário do Gabriel (400 reais);**
- **Um pró-labore mínimo para nós três (variável).**

Calculamos assim: dividimos os 68 mil reais por doze meses e chegamos ao valor de 5,6 mil reais por mês. Nos três primeiros meses, a conta bateu, mas, depois, rapidamente desandou, porém não por um motivo ruim: o negócio começou a crescer. No meio de 2017, já contávamos com cinquenta pontos, espalhados por Blumenau, São Paulo e Rio de Janeiro, e com cinco pequenos e-commerces, que eram das mais diferentes áreas, desde varejo de eletrônicos até gráficas e produtos de cosméticos. A nossa estratégia de expansão estava dando certo, só que os custos foram aumentando. A gente começou a gerar alguma receita, com uma média de trezentas entregas por mês, chegando até a quatrocentas. Mesmo assim, a despesa ainda era muito maior que a receita.

Dessa forma, em maio de 2017, uma nova maratona para captar investimentos começou. O problema é que esses ciclos de captação são sempre carregados de muita angústia. Você precisa se dedicar às atividades do dia a dia, mas não sabe se irá fechar as portas em poucos meses ou se terá recurso suficiente para sustentar um período de aceleração maior do negócio. Equilibrar tudo não é fácil.

Desenvolvendo um pouco mais esse raciocínio, o investidor demanda muita atenção e tem uma razão para isso. Ele quer saber os números com precisão, o que você tentou, o que você não tentou, quais são os planos para os próximos meses, o que você fez com o dinheiro que já recebeu, quais contatos você fez. Aí, marca uma reunião, depois desmarca. Tenta bater agenda com todo mundo, passam dez dias. É complicado. Fazer tudo isso e explicar tudo para o investidor leva tempo e exige paciência. Aí entra uma questão contratual também. Cada investidor, cada fundo, tem a sua política, suas exigências, e nem sempre coincidem com a do empreendedor. Quando você está tocando um negócio que sabe que pode dar certo, mas que, no momento, está dando errado ou não engrenou ainda, e que exige que você foque, tudo que você não tem é tempo e paciência.

De maneira objetiva, apresentaram-se três possibilidades de investimentos mais concretas na época. Duas delas com investidores-anjo. Vamos usar alguns nomes fictícios aqui, beleza? Uma das possibilidades estava em estágio inicial e era com um cara do mercado, especialista, a quem vamos chamar de José. Outra estava em estágio mais avançado, mas com um cara que não era exatamente do setor de startups, a quem vamos chamar de Lázaro. Guarde esse nome, vai ser importante para entender algumas coisas mais para frente. A terceira era com uma empresa do setor de *equity crowdfunding*, na época um novo mercado para investimentos em startups. Nesse caso, vamos usar os nomes verdadeiros: Brian Begnoche e Greg Kelly, da EqSeed. Toquei as três propostas simultaneamente. Vou começar de trás para frente, mas vai fazer sentido.

O iFood conecta restaurantes a consumidores. A Uber conecta motoristas a clientes. A Pegaki conecta e-commerces a pontos de retirada e coleta. As plataformas de *equity crowdfunding* conectam startups que precisam de capital com investidores que querem ganhar dinheiro com esse mercado. Se todos os negócios caminham para o digital, os investimentos também podiam caminhar. Simples assim.

Na ponta dos investidores, essa é a chance de diversificar os investimentos em startups com potencial de retorno de três maneiras: se ela for vendida, se ela abrir capital na bolsa ou se ela gerar dividendos. Na ponta da startup, a vantagem é ter acesso a mais uma alternativa de capital na etapa *seed*, isto é, na fase semente da empresa, quando ela está iniciando (não confundir com a etapa da ideia; nos casos que estamos falando aqui, a empresa já existe, já tem uma solução e já está rodando). Sem essas plataformas que fazem a ponte startup-investidor, investimentos em startups viriam apenas dos fundos e investidores do setor, de maneira tradicional e totalmente off-line.

É importante ressaltar também que o mercado de investimentos em startups no Brasil estava apenas começando. Em 2017, ainda não haviam estruturas de acesso ao capital bem definidas, ainda mais na etapa *seed*. Isso se deve também ao fato de que eventos de liquidez das startups também eram ocasionais. Se o investidor não tem visibilidade da porta de saída, não chega nem perto da porta de entrada. Houve avanços de lá para cá, mas o mercado ainda está se estruturando. Vamos explorar isso mais para frente.

Pois bem, eu já tinha batido em mais de uma dezena de portas e ouvido sonoros "nãos" em quase todas. Um investidor me disse sim, e o mantive em negociações em paralelo, até porque um investimento não impedia outro. Fiz pesquisas sobre as plataformas de *equity crowdfunding* e vi que o mercado era bastante sólido lá fora, especialmente no Reino Unido. No Brasil, duas plataformas estavam iniciando as operações: a Broota (atualmente Kria) e a EqSeed. O papo se desenrolou com a segunda.

A EqSeed foi fundada pelo economista norte-americano Brian Begnoche e pelo matemático inglês Greg Kelly. Com uma carreira muito sólida no mercado financeiro inglês, incluindo uma longa passagem pelo setor de mercado de capitais do Lloyds Bank, Greg viu o mercado ganhar força lá no Reino Unido. Casado com uma brasileira, veio morar aqui e trouxe consigo o modelo. Quando conheci Greg e Brian, fiquei impressionado com o conhecimento e seriedade deles. Olhei para a plataforma e já haviam sete rodadas concluídas e uma lista de centenas de startups recusadas devido ao processo de diligência, ao baixo potencial de mercado, à falta de escalabilidade, entre outros motivos. Tinham um filtro rígido, mas a Pegaki já estava previamente aprovada. Fiquei a fim de avançar nas negociações com a empresa.

Como o modelo de *equity crowdfunding* era novo, fui conversar com outras pessoas do mercado, pouca gente conhecia e a maioria nos orientava a não fazer aquilo. Eu ouvi atentamente todo mundo, considerei os prós e os contras, mas resolvi seguir. Ouvi que se uma empresa realmente fosse boa, ela teria acesso a outros canais de investimento. Também me disseram que esse modelo atrairia muitos investidores com cheques pequenos, que não entenderiam o modelo e que causariam problemas depois.

Só que as pessoas que me falavam para não fazer também não colocaram a mão no bolso e investiram na Pegaki. E se não fizeram, entendo que era porque não tinham o dinheiro ou não acreditavam na proposta. A EqSeed tinha um contrato que harmonizava os interesses do investidor e das startups, era consistente com um mercado estruturado lá fora, então me senti protegido. E eu vi outras startups captando com sucesso pela plataforma e crescendo (o que se provou igual para nós anos mais tarde). E o mais importante: eu confiei no Greg e no Brian, e isso tem muito peso.

Aliás, aqui faço outro parêntese. Tem uma frase do escritor inglês G. K. Chesterton (1874-1936), que diz: **"Eu devo meu sucesso a meu hábito de respeitosamente ouvir conselhos e fazer exatamente o contrário".**[15] Acho essa frase radical demais, muitas vezes eu escuto conselhos, sigo à risca e me dou muito bem por isso. Mas admito, às vezes, você tem que ser radical. Ouvir as pessoas é muito importante, saber a quem dar ouvidos é determinante, reconhecer erros e dar um passo para trás é brilhante, mas identificar o momento de seguir sua própria percepção é o que constitui o verdadeiro empreendedor. Note o óbvio: inovação é algo novo. Muitas vezes, as pessoas não vão se dar conta de estar diante de uma inovação realmente promissora e que pode resolver um problema. É seu trabalho saber identificar isso, assumindo todos os riscos inerentes a essa escolha. Foi assim com a EqSeed, e foi uma escolha acertada para nós naquele momento.

---

15 G. K. Chesterton. **Pensador**, 2005-2021. Disponível em: https://www.pensador.com/frase/MjAyMzk0MA/. Acesso em: 3 ago. 2021.

Só que aí tivemos um problema: o Brian me ligou e disse que a Pegaki não poderia captar pela EqSeed, porque estávamos com uma dívida de 15 mil reais. Isso era setembro de 2017. Naquela época, em que estava também iniciando suas operações, a EqSeed não selecionava empresas com dívidas para captar. Atualmente, a empresa é mais flexível em relação a startups com dívidas pequenas.

E agora você deve estar se perguntando: como que esses caras estão devendo 15 mil reais?

Bom, nosso dinheiro acabou, e essa era uma dívida nossa com um investidor, o Lázaro. Lembra que eu falei para guardar o nome dele? Vou contar essa história agora.

O Lázaro é um cara famoso no meio, mas seus investimentos são mais direcionados a negócios de modelos tradicionais, como, por exemplo, restaurantes. Mas ele estava interessado em expandir sua carteira e, durante um evento em 2016, com a ideia da Pegaki ainda começando, nós nos conhecemos. Ele se encantou com o projeto. Começamos a estreitar relação, e ele inclusive foi a Blumenau nos conhecer.

Já em 2017, verbalizamos um acordo de investimento de 250 mil reais. Em meados de março desse ano, colocamos isso em contrato, só que ele não assinava de jeito nenhum. Foram meses de conversas, reuniões, visitas para a nossa cidade, mas sempre era uma enrolação para a assinatura final do contrato. Era o seu primeiro investimento em startup, então ele estava visivelmente com medo de perder dinheiro. Era uma pessoa com uma bagagem em negócios tradicionais, e aquela dinâmica e velocidade de startup o assustava, ainda mais em um negócio completamente novo e imprevisível como era o nosso. Você pode até dizer que qualquer negócio é imprevisível, e até é, mas a gente estava, literalmente, lançando um novo segmento no Brasil. Não havia referência comparativa aqui. Não é como uma padaria que você olha para o lado e compara com outra. Não se falava em pontos de retirada e coleta no país. O fato de não gerar receita naquele momento nem poderia ser considerado um sinal claro de que o modelo não funcionaria, porque ainda precisávamos tracionar e educar o mercado. Era uma novidade mesmo.

E o Lázaro parecia um cara do bem, parecia bem intencionado, só assustado. Aí, como forma de minimizar o risco do nosso futuro investidor, caímos no grande erro de tentar adaptar aquela situação a algumas exigências dele que iam em desacordo com as nossas necessidades. Consultamos um advogado para isso? Claro que não! E lá vamos nós para mais uma grande cagada...

Fechamos o valor de investimento verbalmente, sem contrato assinado, mas aceitamos apenas um valor adiantado de 5 mil reais mensais, que era o que precisávamos para pagar o aluguel, nosso estagiário e os custos básicos da empresa. Isso era julho de 2017; a grana da Cotidiano, os 68 mil reais, tinha acabado em junho. Naquele período, não retiramos pró-labore, nos sustentamos apenas com economias que tínhamos guardado.

Porém, o Lázaro começou a nos enrolar e não depositava o resto do investimento. Eram os 5 mil reais mensais e só. A desculpa era que estava viajando e ainda não tinha conseguido analisar o contrato final e assinar. Só que isso se prolongou por três meses – de julho a setembro –, um tempo precioso que a gente gastou na negociação com ele em vez de correr atrás de outros investidores. Três meses e nada do contrato ou qualquer decisão, ainda que negativa.

Em uma tarde de setembro, meu sócio Daniel, revoltado, ligou para o Lázaro e disse que não aguentávamos mais a enrolação de sempre e, portanto, não queríamos mais o dinheiro. Foi o estopim de uma guerra. Aquela foi a melhor ligação que o Daniel fez na vida, e foi um grande alívio saber que, realmente, não podíamos mais contar com aquele cara que nos enrolou durante meses. O problema é que, além de não ter dinheiro para pagar as contas dos próximos meses, estávamos devendo 15 mil reais para esse "investidor" referentes às três parcelas que ele havia depositado. Ele não apenas não afrouxou, como nos ameaçou: ou devolvíamos o valor imediatamente ou ele nos processava.

Aquela situação não apenas nos complicou financeiramente. A gente já estava esgotado, cansado demais. Tem certas negociações que sugam sua energia, você fica fraco, exausto. E foi com essa sensação, esse estado mental e emocional que a gente teve que agir.

Voltamos para setembro, para a ligação do Brian da EqSeed. Nós poderíamos tentar captar pela plataforma, mas precisaríamos levantar os 15 mil reais em vinte dias e deixar a empresa em dia para a captação. Tínhamos que zerar os custos e pagar a nossa dívida.

Nosso primeiro pensamento de impulso foi cogitar demitir o estagiário, cancelar o aluguel e trabalhar de casa. Pensei duas vezes e fui contra demitir o Gabriel, mas topamos sair do escritório. Naquele momento, o negócio era tocado por nós quatro, os três sócios já sem pró-labore e um estagiário que ganhava 400 reais e já havia se mostrado um profissional competente.

A gente deu uma segurada nos custos e tocou o mínimo de gasto com uma grana nossa.

Agora, tinha a dívida. Basicamente, tínhamos duas possibilidades: a primeira era um empréstimo no banco. A gente pegaria essa grana, faria a captação, pagaria a dívida e seguiria o jogo. Mas tinha um problema: e se a captação não rolasse? Era uma possibilidade, e os juros do banco iam nos trucidar de vez. Sem chance.

A segunda alternativa era arranjar um outro investidor. Fizemos uma lista de possíveis interessados e começamos a ligar. Sinceramente, nós abordamos uns trinta possíveis investidores, e nenhum comprou nossa ideia. Ninguém acreditava no nosso negócio como ativo. E, lá pelas tantas, nem a gente mais acreditava. Por mais autoconfiante que eu fosse, que nós fôssemos, o mercado é cruel. O gargalo da logística era óbvio, os e-commerces precisavam daquilo, era bom para o comércio e para o consumidor final. Ao longo do funcionamento da empresa, aqueles que experimentaram o modelo mantiveram essa opção de entrega, mas ainda era um negócio muito incipiente. As despesas e as dificuldades eram maiores que a receita, e a motivação já estava no limite.

Tem um ponto importante aqui, de modo que te puxo de 2017 para 2021: **uma das diferenças de um negócio comum para uma startup é que a startup é disruptiva, o negócio comum não. O negócio comum ou dá dinheiro ou não dá. Simples assim.** A startup pode passar um tempão no prejuízo e ainda assim mudar o mundo.

A disrupção de um determinado setor é uma coisa. O *break even* (momento de equilíbrio entre receita e despesa) da empresa que está promovendo a disrupção é outra e nem sempre as coisas têm uma relação.

Se você der um Google no significado da palavra "disruptivo", encontrará algo parecido com "interrupção do processo normal; ruptura". Só que, quando o processo normal se apresenta falho, vai demandar uma disrupção em algum momento. Se a empresa vai dar lucro e quando isso vai acontecer depende de milhares de variáveis. O investidor que aporta em startup tem que saber essa diferença.

A Uber, por exemplo, ainda dá prejuízo. Só no primeiro trimestre de 2021, foram 108 milhões de dólares negativos.[16] Você acha que a Uber mudou ou não o mundo? Por outro lado, há disrupções que mudaram o mundo e já estão dando lucro. A Apple, o Facebook, tantas outras são exemplos disso.

Nós, com toda humildade do mundo, enxergamos que a logística teria que passar por um processo de disrupção antes da maioria das outras áreas. Não fizemos isso sozinhos, tínhamos concorrentes de peso que respeitamos e que nos ajudaram a educar o mercado. Mas fizemos

---

[16] CARVALHO, A. Uber: Prejuízo líquido diminui no 1º trimestre, para US$ 108 milhões. **Valor Investe**, 5 maio 2021. Disponível em: https://valorinveste.globo.com/mercados/renda-variavel/empresas/noticia/2021/05/05/uber-prejuizo-liquido-diminui-no-10-trimestre-para-us-108-milhoes.ghtml. Acesso em: 3 ago. 2021.

parte fundamental disso. Essa é parte romântica. Aqui, peço que você volte para 2017, quando a gente estava devendo os 15 mil reais.

Os boletos estão cagando quilos para o conceito de disrupção. Eles chegam todo mês, seja para o presidente da Uber, seja para o presidente da associação dos taxistas. Na ponta do lápis, em 2017, tínhamos um negócio que dava prejuízo diário e ficávamos tentando convencer as pessoas de que, na verdade, a nossa empresa era uma mina de ouro, bastava enxergar o futuro. Elas teriam que colocar o dinheiro delas e, quem sabe, um dia ganhariam dez, vinte, cem vezes mais e participariam de uma mudança histórica na logística brasileira. Sinceramente, teve uma hora que nem a gente acreditava mais. A real é essa. Cansa. Cansa muito.

E, bem na hora que a gente começou a desacreditar, uma pessoa acreditou. E um cara que já tinha demonstrado interesse lá atrás: o José, nosso terceiro e salvador investidor. Nós havíamos nos conhecido no começo de 2016, em um evento em Porto Alegre. Tivemos algumas conversas no decorrer dos meses, havia interesse mútuo, mas nunca rolou. E nós acabamos ficando mais concentrados no Lázaro. Nos enrolamos, para variar.

E foi em uma quinta-feira de manhã que eu liguei para o José dizendo que havíamos cancelado o investimento do Lázaro, devíamos 15 mil reais e precisávamos pagar essa dívida para conseguir captar pela EqSeed. No dia seguinte, sexta-feira, minutos antes das 17 horas, prazo final imposto pela plataforma, o José fez a TED dos 15 mil reais para nossa conta, sem contrato, na confiança. Só nos mandou uma mensagem dizendo: "Feito ;)". Aquilo parecia gol de final de Copa do Mundo, saí gritando pela sala, estávamos vivos.

Evidentemente, embora sem contrato, combinamos uma porcentagem da empresa por aquele valor. Ele foi um cara rápido, nos ajudou sem pestanejar, mas era um negócio. Passado o calor do momento e colocando na ponta do lápis, pode parecer que fizemos um negócio ruim. No entanto, revisitando as emoções daquelas semanas, em um contexto de falência iminente, considerando que já estávamos trabalhando ininterruptamente havia mais de um ano e que estávamos absolutamente desesperados, eu ainda teria aceitado a proposta nos mesmos termos. Porque o José não nos deu apenas os 15 mil reais, ele nos deu uma palestra motivacional e uma direção estratégica do que fazer. Ele nos colocou para cima, deu uma direção e era um cara que tinha muito contato no mercado, o famoso *smart money* (dinheiro inteligente).

Aliás, destacamos muito os investidores que atrasaram nossa vida, mas também tiveram aqueles que adiantaram e muito as coisas para nós. Um exemplo é o Fabio Flaksberg, COO da Omie, uma plataforma de gestão (ERP) na nuvem. Toda vez que a gente tinha problemas, o Fabio era o cara para buscar em troca dos melhores conselhos. Aqueles práticos, que livram a cara, que te possibilitam sair de uma situação difícil. Não foi uma pessoa que colocou dinheiro e ficou cobrando resultados com uma planilha na mão, muito pelo contrário. Ele investiu e nos ajudou a achar os melhores caminhos, participou ativamente do nosso sucesso.

E, aqui, deixo dois grandes aprendizados daquela época:
- **Não se cobre pelas decisões do passado. Você fez o melhor possível naquele momento com as ferramentas que tinha;**
- **Se possível, evite se colocar na posição de desespero dentro de uma negociação. Hoje, eu consigo fazer isso, mas, na época, eu não consegui.**

Liguei para o Brian e avisei que a empresa estava regularizada. Em outubro de 2017, abrimos a rodada. Sob muitas desconfianças e naquela ressaca emocional, captamos 360 mil reais em menos de oito dias, a captação mais rápida do mercado brasileiro de *equity crowdfunding* até aquele momento. Foi um marco que rendeu notícias na grande mídia geral e na especializada, de modo que a forte publicidade em cima do tema foi um bônus para além do capital que recebemos. O jogo virou em uma semana.

Esse aporte foi bem maior do que o primeiro, mas ainda assim pequeno. Com esse cenário, tínhamos basicamente duas escolhas: jogar na defensiva e fazer o caixa durar mais tempo; ou jogar no ataque, buscando crescimento imediato, mas inevitavelmente queimando dinheiro mais rápido. O pior dos mundos seria acabar o dinheiro e não termos alcançado o crescimento planejado. A nossa vantagem era que, naquela altura do campeonato, já estávamos mais do que acostumados a fazer muito com pouco. Além disso, os holofotes viraram a nosso favor. Decidimos ir para cima.

Voltamos para nosso antigo coworking, agora cada um recebendo um pequeno salário mensal e com foco total em vendas, todos no mesmo ambiente e com o mesmo propósito. Naquele momento, estávamos com uma rede de quase cem pontos de retirada e pequenos e-commerces rodando. Nada muito representativo em termos de receita, mas nossa métrica de pedidos estava aumentando rapidamente de cem, duzentos, quinhentos para mais de mil por mês. Nosso foco eram grandes contas, e não imaginávamos quão demorado era fechar uma grande venda. Mas ela aconteceu.

Nosso primeiro grande cliente veio depois de um ano de conversas. Fechar esse negócio com certeza foi transformador para nós – em todos os sentidos – e, a partir daí, a história da Pegaki efetivamente mudou. O problema, como disse, foi o prazo. Ficamos um ano negociando com vários clientes grandes para fechar um. E nosso capital foi investido ao longo desse tempo. A operação foi bem-sucedida, é verdade, era o nosso maior teste, mas ainda não rendia a ponto de bancar nosso crescimento. Estávamos em setembro de 2018. Novamente, precisávamos de investimento.

Um ponto importante sobre esse caso – e que nós subestimamos – foi o tempo da curva de conversão de um grande cliente. Um dos maiores ensinamentos acerca de transações B2B (*business to business*, ou empresa para empresa) com empresas de ponta é ter muita paciência e persistência. As coisas definitivamente não são rápidas com elas como são em uma startup.

Você vai falar com diferentes pessoas, que vão mudar de cargo e empresa durante o caminho. Você terá que refazer alguns processos e participará de incontáveis reuniões, dessas que reúnem, mas não resolvem. Pode ser duro falar isso, mas a verdade é que, em grandes empresas, as coisas são difíceis de mudar.

É preciso considerar diversos aspectos nesse contexto, mas algumas coisas têm de ser ditas. Cada empresa tem sua própria cultura, seus processos, e algumas de suas limitações são, inclusive, de ordem legal, até por medidas de *compliance* (governança corporativa). Nesses casos, as pessoas ficam impedidas de agir fora de um processo predeterminado, ainda que queiram melhorias. Vamos considerar que esse grupo de pessoas está de mãos atadas, mesmo quando querem ajudar. Isso é uma coisa. Há, ainda, aquelas pessoas que têm medo de perder o emprego – por diversas razões, e cada pessoa sabe da sua realidade. Não há como ignorar isso. Vamos considerar que esse grupo também está de mãos atadas e não é o problema.

O foco são as pessoas burocratas e preguiçosas. Deve ser considerado e dito que nem todas as pessoas têm iniciativa. Há pessoas que usam os elementos externos para legitimar sua ineficiência e pouca disposição. Falo daquelas que têm condições externas de serem ágeis, mas cuja alma é burocrática, para toda solução elas trazem um problema. Elas têm preguiça de dar bom-dia. Pode soar maldoso, mas tem pessoas que querem um emprego, e não um trabalho. E, em uma estrutura grande e burocrática, essa pessoa consegue se esconder. Em uma startup, isso dificilmente acontece, até pela dinâmica e natureza enxuta do ambiente. Vamos considerar que esse grupo, em liberdade, ata as próprias mãos e ainda corta as asas de todos à sua volta. O problema é que, muitas vezes, você está justamente na mão de uma pessoa dessas.

Essa observação pode ser notada inclusive no surgimento e fortalecimento do ecossistema de startups. Diversos empreendedores ouvidos para este livro tiveram experiências em grandes corporações, mas perceberam que seria difícil inovar dentro dessas empresas. Esse tipo de profissional sai, cria algo inovador e revoluciona o mercado. Sabe o que vem depois? Uma grande corporação compra essa startup justamente para trazer a "cultura da inovação". É quase unânime o discurso de que a prioridade e o principal ativo em um movimento de fusão e aquisição é o time. Porque a inovação, tal qual a burocracia, começa dentro da gente.

Quando houver algum tipo de conflito de interesses entre os dois mundos, você vai precisar de um padrinho para comprar a briga. O nosso foi aquele investidor, o José, que nos livrou a cara dos 15 mil reais e ainda abriu algumas portas comerciais importantes.

Posto isso, voltamos ao momento desafiador da Pegaki: precisávamos conseguir investimento e voltamos à mesa de negociações. Depois de muitos contatos, inúmeros "nãos" e outras enrolações sem resposta até hoje, paramos novamente no *equity crowdfunding*. Sabíamos que funcionava, era rápido e muito menos burocrático quando comparado aos caminhos tradicionais. Estávamos com crédito por ter feito a captação mais rápida da rodada anterior e não tínhamos dúvidas de que poderíamos repetir o caminho de sucesso por lá. E assim fizemos.

Em outubro de 2018, realizamos a captação de 1,2 milhão de reais. Não foi tão rápido como na primeira rodada, mas, em pouco menos de dois meses, o valor estava na conta, e nosso combustível renovado para mais uma etapa na maratona de crescimento.

Só que, dessa vez, foi diferente; nós não estávamos iludidos com o valor, iniciaríamos o ano seguinte com um cliente grande operando e com uma rede de quinhentos pontos conectados e operando. Era o nosso melhor momento. Por outro lado, sentíamos que não dava mais para errar. Já havíamos realizado algumas captações em troca de *equity* (participação na empresa), o negócio tinha que escalar. E rápido.

Aprendizados sobre captações

De toda essa jornada de captação de investimentos, tiramos algumas lições valiosíssimas. Apresento para você aqui:

- O melhor investimento sempre será o dinheiro do próprio cliente. Quanto mais conseguir crescer com seu próprio caixa e com as vendas, melhor. Pode parecer um fracasso a empresa não conseguir investidores no início, mas, às vezes, pode ser a melhor vantagem em uma saída. Claro, nem sempre isso é possível, depende do modelo do negócio. A verdade é que a Pegaki também não conseguiu alcançar essa performance. Portanto, em alguns casos e mercados, é preciso captar recursos externos para acelerar seu crescimento;
- Uma vez decidido que é preciso capital, deve-se entender como e com quem fazer negócio, quanto será captado e o que de fato será feito com o dinheiro. E isso está longe de resoluções simples. Por mais que o capital seja necessário, uma hora vai acabar, e sairá muito caro ter sócios que não contribuem de outras formas para o crescimento da empresa. Seu percentual será diluído por um valor muito baixo em relação ao seu esforço. Cuidado com quem vai escolher para negócio. A gente errou e acertou muito nesse ponto;
- Captar investimentos sem saber o que fazer com o dinheiro é outro erro clássico. O investimento não resolverá todos os

seus problemas, pelo contrário. Agora, será preciso prestar contas e haverá mais pressão externa. Se você não sabe qual é a coisa certa a se fazer depois do investimento, o risco de ter problemas é grande;

- Outro incidente muito comum no mercado – apesar de os investidores estarem bem ligados nisso – é o inflacionamento do valuation (valor de mercado da empresa). Quando se estica demais o valor da empresa, ou o investidor pula fora ou vai exigir uma participação maior, o que pode prejudicar futuras captações.

No curto prazo, pode parecer uma grande vitória conseguir aumentar o valuation da empresa por meio de uma história ou promessa futura, conseguindo, assim, captar um investimento maior. O problema é que, se a startup não conseguir funcionar com esse dinheiro e tiver que fazer uma nova captação depois, a probabilidade de conseguir uma nova rodada com o mesmo ou com um valuation maior será pequena ou nula.

Isso acontece porque os investidores anteriores, com razão, não aceitariam uma captação com valuation menor do que a feita no passado, algo que pode inclusive estar vinculado ao contrato de investimento. Logo, é possível que eles impeçam o empreendedor de fazer uma nova captação com valuation menor, mesmo quando é necessário, e que o mercado já não precifique o valor da empresa como aquele inflado do passado.

Não é porque o empreendedor conseguiu esticar o valuation em algum momento do passado que o próximo investidor estará disposto a pagar essa conta. Isso será problema único e exclusivo do empreendedor, e quem paga por isso é ele e o seu negócio.

- Considerando que é preciso um plano de pelo menos doze meses de execução, o prazo de durabilidade do investimento a ser captado deve ser de, no mínimo, dezoito meses. São doze meses de execução e mais seis de preparação para uma possível próxima captação, se necessário.

Esse valor tem que ser suficiente para manter a operação por todos esses meses e deve considerar o plano de crescimento e os investimentos que pretende fazer com o novo aporte. Não adianta captar um valor para um período menor do que dezoito meses, porque o risco de ficar sem dinheiro pelo caminho e morrer na praia é grande.

É por isso que não faz sentido, nos dias de hoje, buscar uma captação de um valor muito pequeno, como 100 mil ou 200 mil reais. Esse valor dividido por dezoito meses não é suficiente para contratar sequer um bom programador no mercado com todos os encargos embutidos. A bem da verdade, captar menos do que 1 milhão de reais nos dias de hoje é inviável, não faz sentido. Em média, esse valor representa um pouco mais de 55 mil reais por mês, distribuídos no período de 18 meses. Ou seja, embora a cifra pareça alta, quando se espelha as despesas em uma planilha, a conta não fecha.

Por outro lado, captar um valor muito maior do que o necessário também não é interessante, porque invariavelmente esse aporte estará condicionado a uma fração muito maior do seu negócio. Com essa atitude, o empreendedor e os sócios estariam diluindo suas participações em um momento inicial da empresa. E isso custa muito caro depois.

O fato é que tocar uma startup já não é mais coisa para amadores e aventureiros. Por isso, é muito importante conseguir gerar receita e se tornar autossustentável o mais rápido possível. Assim, o investimento vem para expandir, e não apenas para a sobrevivência do negócio, o que são duas coisas bem diferentes.

Finalmente, depois de muitos tropeços, nós chegamos nessa fase.

É quase unânime o discurso de que a prioridade e o principal ativo em um movimento de fusão e aquisição é o time.

CAPÍTULO 5
A cultura come a estratégia no café da manhã

O austríaco

Peter Drucker, considerado o pai da administração moderna, é o autor da célebre frase que dá título a este capítulo. O alicerce dessa afirmação é o seguinte: estratégia é fundamental para qualquer negócio, o problema é que muitas empresas não conseguem executá-la porque seus colaboradores não estão envolvidos e empoderados o suficiente para isso. Ou simplesmente não têm o perfil, não compactuam com aquelas ideias, com a cultura da empresa.

Não se trata só de competência, mas da pirâmide de hierarquia: a máxima estabelecida é que líderes desenvolvem planos, colaboradores executam. Manda quem pode, obedece quem tem juízo. Com essa mentalidade, o resultado é uma entrega fraca, um ambiente ruim, pois, se os colaboradores não participaram ativamente da construção da estratégia, não terão propriedade quando for a hora de entregar da melhor maneira.

Cultura refere-se ao modo de viver de um grupo de pessoas, ao modo de se realizar uma tarefa, ao propósito pelo qual aquela tarefa é realizada. Não se trata simplesmente de realizar algo. A cultura de uma empresa está intrinsecamente ligada à sua performance, mas, sobretudo à experiência que ela oferece ao seu público interno e externo durante sua viabilização.

Acerca da semântica, a palavra "cultura" traz consigo algumas definições que podem ser bastante elucidativas quando aplicadas à realidade das startups.

Segundo o dicionário Michaelis,[17] do ponto de vista antropológico, cultura pode ser definida como "conjunto de conhecimentos, costumes, crenças, padrões de comportamento, adquiridos e transmitidos socialmente, que caracterizam um grupo social" e "conjunto de conhecimentos adquiridos, como experiências e instrução, que levam ao desenvolvimento intelectual e ao aprimoramento espiritual; instrução, sabedoria".

A perspectiva biológica da palavra também é bastante pertinente: "ato de cultivar células ou tecidos vivos em uma solução com nutrientes, em condições adequadas, a fim de realizar estudos científicos". Também tem tudo a ver com o ecossistema de uma startup.

Por essa razão, missão, visão e valores são muito mais do que frases de efeito espalhadas nas paredes do escritório ou nas redes sociais do empreendedor, são uma tradução da cultura da empresa, uma estrutura viva que determina e se impõe na rotina e no dia a dia.

Quem quer construir uma startup precisa estar preparado não só técnica e intelectualmente, mas também emocionalmente. A natureza de uma startup é buscar a resolução de um problema até então insolúvel. Só que esse desafio exige debates compromissados e com argumentos diariamente. São confrontos de ideias o tempo todo – algo que ambientes corporativos tradicionais não costumam estimular.

Além disso, quem faz parte de um time de startup precisa de uma dose cavalar de persistência. São pessoas que chamamos de "sangue nos olhos": absolutamente concentradas, comprometidas e determinadas com o que estão fazendo. Isso, em si, é a cultura inovadora.

É normal que seja um ambiente de muita pressão e obsessão por resultados, mas, acima de tudo, deve ser um local de muita colaboração, criação e troca de ideias para chegar às melhores respostas que

---

17 CULTURA. *In*: MICHAELIS: Dicionário Brasileiro da Língua Portuguesa. São Paulo: Melhoramentos, 2015. Disponível em: https://michaelis.uol.com.br/moderno-portugues/busca/portugues-brasileiro/cultura/. Acesso em: 3 ago. 2021.

atenderão o mercado. Startups tendem a ter uma hierarquia horizontal, flexibilidade e premissas como autogestão e acompanhamento por resultados, não por tarefas, além de valorizar a autonomia do time.

Em tempos de *boom* no *home office*, é importante lembrar que a licença para autonomia é resultado de algo que, por sua vez, é fruto de um longo processo. Metas claras, prazos realistas, reuniões de alinhamento semanais e feedbacks periódicos tendem a funcionar.

Pessoas certas nos lugares certos

Saber contratar e saber demitir são quesitos de extrema importância para a construção de uma startup. Assim como selecionar os sócios não é simples, a etapa de montar o time também não é. Você, como líder, tem que analisar o candidato tanto por suas habilidades técnicas como por sua habilidade comportamental, ou, como tem se popularizado, pelas *hard* e *soft skills*.

Mas como saber que perfil contratar?

Durante muito tempo, os recursos financeiros enxutos foi algo predominante na Pegaki, e a empresa sempre optou por contratar bastante gente, ainda que não tivessem o conhecimento técnico que a gente precisava e que as funções exigiam. Nosso pressuposto era treinar, então a gente contratava rápido, e esse foi um grande erro. Há um ditado bastante pacificado no ambiente corporativo: "contrate devagar, demita rápido", e nós fizemos o contrário.

Ainda assim, algumas boas revelações surgiram dessa estratégia, mesmo que também tenhamos recebido duras lições. Descobrimos profissionais absolutamente geniais, mas a grande maioria não funcionou para nós sob essa estratégia. O período de aprendizado era muito longo, o que significava alto custo de treinamento e tempo, recursos valiosos em uma startup. Outro ponto extremamente complexo era a altíssima rotatividade.

Além disso, a falta de inteligência emocional e de maturidade também se mostrou um grande problema. E isso não está absolutamente ligado à idade, ok? Existem adultos de 20 anos e adolescentes de 40 – aposto que você aí do outro lado acabou de pensar em um e concordar comigo. O fato é que muitas pessoas ainda não estão preparadas para lidar com a responsabilidade de um ambiente de grande autonomia. Só que essas pessoas foram contratadas por nós, então a responsabilidade era nossa.

Em janeiro de 2019, decidimos contratar bastante gente; precisávamos escalar, estávamos capitalizados, era a hora. Contratamos profissionais de diversos níveis e idades, que deveriam atuar dentro de uma determinada estratégia para o nosso negócio.

Vários problemas eclodiram: o primeiro é que a nossa estratégia de negócio estava errada, algo que a gente descobriu em trinta dias. Independentemente das pessoas que ali estavam, daria errado de toda maneira. Só que os contratados não tinham o perfil para tocar a nova estratégia estabelecida. Pelo menos, essa era a minha impressão. Além disso, vivemos um problema de harmonia no time, com pessoas descontentes com a nova liderança, e o clima azedou. Mas são vidas em jogo; a gente tinha errado uma vez e precisava de mais informações para tomar uma decisão desse porte. Eu tinha um problema sério ali.

Com grandes dificuldades na gestão de pessoas, eu e o Daniel decidimos nos aprimorar e buscar melhores práticas para o negócio. Nos inscrevemos em um treinamento focado em contratação. Ficamos imersos durante um fim de semana com outros cinquenta empreendedores e ouvimos gente do calibre de Tallis Gomes (fundador da Easy Taxi e da Singu), Alfredo Soares (vice-presidente da VTEX) e Bruno Nardon (cofundador do Rappi).

Lá, tivemos aulas sobre gestão, vendas e *growth* (crescimento), além de várias mentorias e troca de experiências com os outros participantes, todos empreendedores de alto nível. Nesse tipo de evento, basta um insight para pagar o investimento. Muitas vezes, é algo simples, que faz sua ficha cair e os pontos se conectarem.

Na aula de gestão, o Tallis falou muito sobre a importância de sempre atrair talentos alinhados ao perfil da empresa se você quer construir um negócio duradouro. Ele foi muito enfático sobre não negligenciar o processo de contratação, sobre ser um momento extremamente estratégico e sobre como isso se desdobra no futuro da empresa. Eu e o Daniel nos entreolhamos nessa hora. Nós estávamos fazendo exatamente o contrário, achando que mais pessoas (quantidade) faria a empresa escalar mais rápido.

Isso é especialmente importante dentro de uma startup em fase inicial como era a nossa. Vou aproveitar para explicar mais diferenças entre uma startup e uma empresa tradicional. As funções dentro de uma startup em fase inicial não são claras e engessadas porque os desafios também não são. Na prática, o administrativo faz o trabalho do administrativo, o recorte da função é claro. Mas há outras funções que não são. Não se trata de acumular tarefas, mas de eventualmente fazer coisas diferentes ao longo do tempo, mudar a rota completamente porque uma ideia inicial não deu certo. E isso envolve a não existência de uma rotina para o profissional lá dentro, não tem jeito. Não é um trabalho de repetição.

No caso da Pegaki, por exemplo, para o mapeamento dos pontos e análise da melhor estratégia para aquisição, já tentamos desde pessoas de campo, que vão lá na porta do estabelecimento tomar cafézinho, até pessoas de dados, que resolvem tudo pelo Google Maps e pelo telefone. Até você descobrir o que funciona, demora. As coisas não são "pão pão, queijo queijo", como diz o ditado popular. É um processo que exige criatividade, autonomia, versatilidade e agilidade. Pode parecer um problema sério dependendo da perspectiva – e de fato, nesse momento, foi –, mas, por outro lado, pode ser uma coisa boa, inclusive para o profissional. Muitas pessoas transformaram suas carreiras dentro da Pegaki exatamente por causa dessa característica fluida. Isso foi bom para nós, mas para elas também. Vamos falar disso mais adiante.

Voltamos do treinamento cientes de que havíamos errado nas rápidas contratações e de que era preciso consertar rapidamente, antes que fosse tarde demais. Eu lembro que sentamos eu, Daniel, Ismael e nossas duas *heads*, Kamila Turok e Júlia Drumond. Aqui, eu deixo outra dica: tenha mulheres em cargos de liderança na sua equipe. Fala-se muito sobre diversidade sob a perspectiva de ser ético e fazer o certo. E isso está correto. Mas eu quero evidenciar o lado estratégico: ao ter perspectivas de mundo e reações a situações distintas das suas, sua equipe fica mais forte. O pensamento diverso permite uma visão mais ampla e menos míope das situações.

Conversamos profundamente sobre os prós e contras de cada um dos contratados, como poderíamos reverter aquela situação e se era realmente a coisa certa a fazer. A conclusão a que chegamos foi a de que nós tínhamos contratado totalmente errado, simples assim. A gente focou, essencialmente, pessoas que mostraram muita disposição e demos pouco peso para aspectos mais técnicos e inerentes aos desafios que tínhamos.

De repente, tinha um grupo enorme de pessoas lá dentro, cheias de gás, mas que precisavam de muito treinamento e direcionamento quando, na verdade, o ambiente e o momento da Pegaki exigiam autonomia, isto é, cada pessoa precisava saber exatamente o que fazer e o que não fazer. Só que a falha foi nossa, não deles. Independentemente disso, a empresa tinha que voltar para os trilhos. Foi um processo pesado para todos nós.

Tínhamos que demitir quinze pessoas. Foi um dos momentos mais difíceis para nós; é algo que nenhum empreendedor gosta de fazer e uma situação pela qual nenhum colaborador gosta de passar, mas que, às vezes, precisa acontecer. Tínhamos que fazer a máquina funcionar e rápido. Marcamos uma conversa para a sexta-feira seguinte com todos, e metade do time foi desligada.

É difícil descrever a sensação de tristeza que existe em momentos assim. Antes de começar a conversa, passou um filme na minha cabeça sobre cada uma daquelas pessoas, suas famílias, sonhos e os relacionamentos que haviam sido construídos, mesmo que em um curto período de tempo. Por um instante, cheguei a pensar se realmente estava sendo justo, se era a melhor decisão. Ao mesmo tempo, fui tomado por uma sensação de alívio e pela certeza de que havíamos feito a coisa certa para a conservação do negócio e para a perspectiva de uma retomada de crescimento.

De fato, muita coisa mudou depois dessa sexta-feira, mas destaco nossos critérios de seleção. Para dar corpo à essa nova mentalidade, a primeira coisa que fizemos foi implementar um setor de recursos humanos, que passou a ser tocado pela Kamila Turok. E é curioso como as coisas acontecem no ambiente que não fica preso a convenções. A Kamila ficou um bom tempo tocando o financeiro da Pegaki, setor em que ela já atuava há alguns anos. Mas o grande barato de uma startup é que todo mundo está envolvido com tudo. Nessa, a Kamila fez uma descoberta sobre seu perfil profissional e, de quebra, entrou para valer para nossa história. Ainda que não oficialmente, ela já vinha atuando no RH em paralelo com o financeiro e, dia após dia, foi se revelando uma pessoa muito importante, com ideias relevantes, especialmente nesse momento da transição da empresa.

A partir daí, decidimos que ela iria focar somente a área de Cultura e Pessoas. A nossa cultura foi ficando cada vez mais clara e mais evidente desde o início da sua gestão. Começamos a estruturar os nossos processos de recrutamento, treinamento e *onboarding* (integração ao time), sempre baseados nas premissas da nossa cultura, focando o tipo de empresa que queríamos construir e as pessoas ideais para compor o time.

Essa foi uma decisão determinante, porque esse departamento está altamente relacionado ao DNA e à performance da empresa. Eu diria que nós descobrimos o perfil de profissional necessário para a nossa realidade e, a partir daí, desenvolvemos nosso modelo de gestão de talentos.

Definimos que só iríamos contratar pessoas que julgássemos incríveis e diferenciadas. Em todos os aspectos. Tem um vídeo[18] de uma entrevista do Joel Jota, ex-nadador da seleção brasileira e mentor de alta performance, em que ele fala que existe o sim óbvio, e o resto é não. "Talvez" é não, "não sei" é não, "vou pensar" é não. A matriz do nosso pensamento é essa. É óbvio que você precisa pensar para tomar decisões na vida, mas, muitas vezes, a gente diz que está pensando porque tem dificuldade de dizer "não" em um momento difícil. Quem tem dificuldade de falar "não" quer ser aceito, quer ser querido por todos. E, em uma posição de liderança, é impossível isso acontecer. Esse é o ponto.

Na prática, teríamos que ficar encantados com o perfil técnico daquela pessoa, o trabalho teria que ser impecável, e a pessoa teria que ser apaixonante, envolvente, com energia, comprometida, independente, legal de conviver e ter um perfil autônomo. Tinha que ser o profissional perfeito para a gente. E quem não gerasse essa ótima primeira impressão não avançava. Aí, o corte teria que ser financeiro, porque pessoas assim geralmente têm salários maiores, mas toparíamos chegar no limite.

Olha, essa foi uma das melhores decisões que tomamos. Quando o perfil de profissional que a empresa precisa está claro na cabeça do gestor, a mágica acontece. De repente, nosso problema virou outro: a gente não sabia quem era o mais incrível, quem era o melhor, e a régua ficou lá em cima. E, uma vez integrada, essa pessoa resolvia, encantava e puxava as demais para cima. O negócio como um todo se fortaleceu.

Começamos a selecionar os líderes de cada área, que teriam autonomia para tocar sua respectiva equipe. Formamos pequenos times, com um líder responsável, metas claras e autonomia para executar. Foi dessa

---

18 ESSA é a técnica que uso quando estou com dúvida. O que você acha? #shorts. 2021. Vídeo (20s). Publicado pelo canal Joel Jota. Disponível em: https://www.youtube.com/watch?v=kzXnzA-HXbw. Acesso em: 3 ago. 2021.

maneira que voltamos a crescer de forma mais organizada, acertamos os processos e, mês a mês, os resultados começaram a aparecer.

Para que uma estratégia se transforme em performance real, é fundamental que os colaboradores estejam tecnicamente prontos e absolutamente engajados e comprometidos. Não se trata de propor que os profissionais se adaptem à cultura da empresa. Eles precisam se identificar com essa cultura e compartilhá-la genuinamente. Do contrário, fica falso ou forçado.

Se eu tivesse que deixar uma dica, seria esta, que aprendi na prática ser verdade: **demore para contratar e seja muito rápido para demitir**. Todas as vezes que tivemos muita pressa para contratar – e isso acontece quase em todas as empresas, todos têm urgência de preencher suas vagas –, tivemos problemas depois. Toda vez que pensamos em demitir alguém e não demitimos, tivemos problemas depois. Se você começa a ficar em dúvida e esse pensamento rondar sua cabeça por uma, duas, três vezes, é hora de demitir, faça isso imediatamente. Postergar essa decisão irá custar muito mais caro depois para todos os envolvidos. Nunca é uma situação agradável ter que demitir alguém, mas todo empreendedor sabe que, às vezes, é necessário.

Agora, é preciso fazer uma reflexão honesta: dadas as devidas proporções, o erro sempre é de quem contratou, afinal, alguém colocou aquele funcionário naquela função. Muitas vezes, o problema não é da pessoa, simplesmente ela não tem o perfil para aquela posição ou para aquela empresa naquele momento. É responsabilidade da seleção detectar isso na entrevista.

Em um processo de contratação, acredito que seja importante realizar pelo menos três conversas diferentes. Em cada uma, sua percepção pode ser diferente. Preferencialmente, sugiro que utilize algum teste prático para a função, divida a decisão pela contratação com mais de uma pessoa e busque referências com pessoas que já trabalharam com o candidato. Tudo isso tende a diminuir sua chance de contratar errado.

A entrevista com a Júlia, por exemplo, foi muito engraçada. Eu lembro que ela chegou com uma roupa social, sapato de salto alto, séria, bem formal. Só que eu estava descalço, de camiseta e bermuda. Imagine a cena. Aí, conforme fomos conversando, percebemos que havia muita sinergia. Hoje, a Júlia é uma profissional fundamental para a Pegaki, tem a cara da empresa e certamente é uma das pessoas mais divertidas que eu conheço.

- **A cultura de uma startup é um ótimo atrativo para novos talentos.** Nosso primeiro estagiário, o Gabriel Duarte, tinha lido meu primeiro livro, *O que a escola não nos ensina*,[19] e já me acompanhava no Facebook quando anunciei a primeira vaga. Ele me enviou um e-mail matador falando sobre o que tinha lido, aprendido, de sua revolta com as empresas tradicionais e como gostaria de nos ajudar.

Ele entrou na Pegaki com 20 anos, ganhando 400 reais por mês para nos ajudar por meio período. Acabou saindo da empresa depois de dois anos, quando já ganhava 2 mil reais e recebeu uma proposta para ganhar mais. Aqui, ele começou trabalhando no mapeamento e na negociação com os pontos de retirada e coleta, mas simplesmente foi ocupando outros cargos e funções. Foi pelo trabalho que ele voou pela primeira vez de avião, conheceu São Paulo e participou de um grande evento.

Muitas vezes, era o Gabriel quem conduzia as vendas diretas da empresa. Com o passar do tempo e com o crescimento da nossa startup, ele passou a trabalhar com marketing digital de performance e assumiu toda a nossa estratégia digital, conduzindo o trabalho diretamente com a agência responsável.

Nesse ínterim, o Gabriel começou a trazer ideias de estratégias que não tínhamos condições de aplicar. Ao mesmo tempo, a agência que prestava serviço para nós percebeu a capacidade dele e fez uma proposta, lógico. Não fiquei puto com a saída dele, fiquei triste porque, sem ele, ficaríamos mais fracos, mas também sabia que não tinha como retê-lo.

---

[19] CRISTOFOLINI, J. **O que a escola não nos ensina**: sete habilidades essenciais para uma vida de sucesso que você não aprende na escola. Rio de Janeiro: Alta Books, 2015.

Fico orgulhoso pela história que ele construiu e segue construindo em sua carreira. É um cara que entendeu que aprender é um verbo ativo, ele se envolveu em tudo. Poderia ter sentado em cima do argumento de que estava aprendendo e se esquivar de um desafio, afirmando que uma determinada função não era dele, mas simplesmente subverteu tudo isso de uma maneira benéfica para nós, mas sobretudo para ele: vestiu a camisa e resolveu os nossos problemas, sem deixar de tirar uma real vantagem disso. Ele acreditava tanto na empresa que investiu na primeira rodada de captação e se tornou nosso sócio. Ganhou dinheiro com a nossa saída, como todos os outros investidores. Obrigado, Gabi (gol), por ter acreditado naqueles três malucos e ter saído de uma empresa consolidada para o completo desconhecido que era nossa startup.

Eu admirei o trabalho do Gabriel desde o início, como aconteceu com a Kamila, com a Júlia, com o Alex e com outros tantos. Deixo aqui algumas reflexões sobre o processo de contratação e gestão. Acho que é por aí que se desenvolve o processo de avaliação de um profissional.

- **Você admira o trabalho que esse profissional fez e faz? (Avalie no passado profissional ou até mesmo no teste da entrevista). Esse é o resultado final que você gostaria de entregar para os seus clientes? Você olha e pensa: UAU?**
- Você achou essa pessoa inteligente, interessante, agradável de conviver, mesmo tendo conversado apenas por alguns minutos com ela?
- Você é capaz de listar três defeitos dessa pessoa, ainda que sejam impressões de um primeiro contato? Quais são? Qual peso eles têm para você?
- Você é capaz de listar três qualidades dessa pessoa, ainda que sejam impressões de um primeiro contato? Quais são? Qual peso elas têm para você?

Eu sempre me faço essas perguntas quando entrevisto alguém. Não existe processo infalível, não existe uma fórmula. Mas, com os "nãos" óbvios evitados, o sim tende a aparecer.

Como liderar talentos?

"Não faz sentido contratar pessoas inteligentes e dizer a elas o que elas devem fazer. Nós contratamos pessoas inteligentes para que elas possam nos dizer o que fazer."[20] A frase de Steve Jobs, fundador da Apple, sintetiza o conflito entre o ideal e o real quando o tema é liderança de talentos. O ideal é pela mensagem, o real é pelo mensageiro.

Jobs sabia exatamente o que era liderar pessoas, era um gênio inquestionável com um legado histórico, mas sua habilidade para lidar com a equipe sempre foi tema de muita controvérsia. Há uma série de publicações, filmes e documentários sobre esse assunto. Uma coisa é saber o que tem que ser feito, outra coisa é conseguir realizar isso.

Então, o amigo leitor pode estar argumentando: "Beleza, se o Steve Jobs não era um bom líder, o que é ser um? Olha o que ele construiu, a performance do seu negócio, o seu legado". A questão aqui é a seguinte: se você realmente acha que é parecido com o Steve Jobs e criou algo tão revolucionário quanto o iPhone, a verdade é que você é um gênio e provavelmente chegará ao topo de qualquer maneira. Minha sugestão é que você não perca seu tempo lendo este livro e procure um fundo de investimento hoje mesmo.

Agora, se você não se julga um Steve Jobs, mas sabe que é um excelente empreendedor que está tocando um negócio potencialmente escalável e se deparando com dores inerentes a este crescimento, comece a estudar profundamente cultura organizacional e técnicas de liderança.

---

[20] STEVE J. **Pensador**, 2005-2021. Disponível em: https://www.pensador.com/frase/MTg2MTMzOA/. Acesso em: 8 ago. 2021.

Para criar uma startup de sucesso, é necessário contar com talentos de ponta. Mas não adianta trazer pessoas boas e não as deixar trabalhar. **Seu papel como líder é não atrapalhar, é colocar as pessoas certas no barco, dar os equipamentos adequados, mostrar o mapa e estar disponível para ajudar quando for preciso. Dê autonomia total para quem você contratou e em quem confiou.**

Um dos grandes mitos do modelo de gestão tradicional é o microgerenciamento do time. Quando você contrata pessoas boas, o procedimento correto é focar a entrega de resultados. Nesse cenário, cabe a você um acompanhamento semanal para ajudar no que for possível. Seu talento está ali para resolver problemas, e sua missão é entender o que ele precisa para entregar soluções. Se você não atrapalhar, já é um bom começo.

Em nosso treinamento, ouvimos também sobre a necessidade de ter times pequenos (*squads*), com uma média de seis a oito pessoas para cada líder, conceito usado por Jeff Bezos, fundador da Amazon. De acordo com essa premissa, você deve ter uma equipe enxuta o bastante para que duas pizzas sejam suficientes para alimentar a todos. Times maiores dão mais problemas e atritos do que resultados. Precisamos dividir nosso time em *squads*, grupos com menos pessoas, bons profissionais e um líder em cada um.

A gente foi nessa linha, até porque já tínhamos vivido uma realidade oposta. Uma única pessoa não consegue gerenciar a realidade de um grande departamento, de modo que as tarefas consideradas menores vão se perdendo e não se tem um controle real do que está acontecendo. E aí, quando se retoma esse controle, a tendência é cair no erro do microgerenciamento. Em vez de produzir resultados, os colaboradores passam a produzir relatórios. A coisa não anda, não adianta.

Por fim, um conselho para concluir este capítulo: implemente a área de recursos humanos o mais rápido possível. Nós descobrimos isso lá no episódio das demissões, em janeiro de 2019. Tudo poderia ter sido diferente.

Trata-se de uma posição extremamente estratégica e sensível dentro de uma startup. As pessoas são o maior ativo do negócio, elas fazem a coisa acontecer. Logo, colocar uma pessoa altamente especializada nessa posição evita dor de cabeça e impulsiona o negócio para a frente.

Não existe processo infalível, não existe uma fórmula. Mas, com os "nãos" óbvios evitados, o sim tende a aparecer.

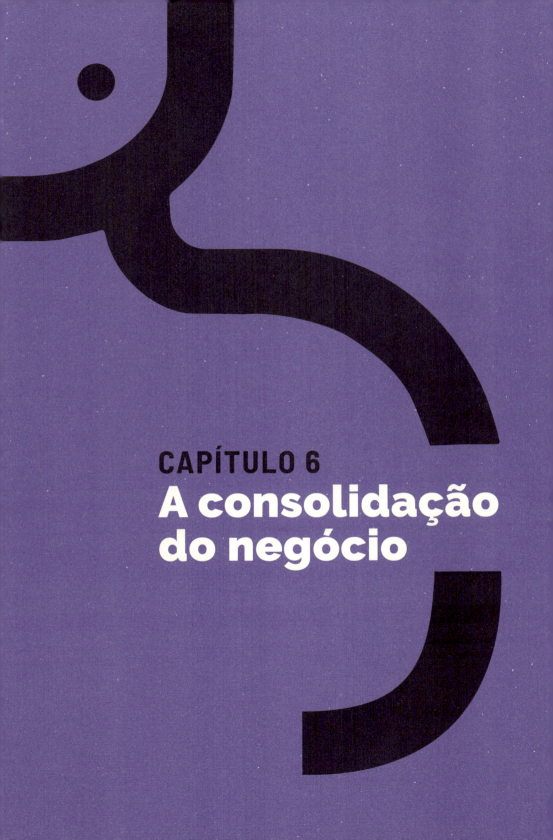

CAPÍTULO 6
A consolidação do negócio

Começamos 2019 com o objetivo de saltar de quinhentos para 3 mil pontos conectados em todo o país em um ano. Para se ter uma ideia da proporção, o número atual de agências dos Correios é de pouco mais de 6 mil; na época, era um pouco mais. Nossa meta, portanto, equivalia a alcançar uma capilaridade em torno de 50% do número de agências dos Correios. A meta era, e ainda é, ousadíssima. Já falei no início do livro e repito agora: erramos no prazo dessa meta.

Com dinheiro em caixa graças à última captação e um objetivo no horizonte, nosso principal foco era aumentar o time para viabilizar o crescimento. Então, saímos do coworking e alugamos uma casa em um bairro chamado Itoupava Seca, próximo da Fundação Universidade Regional de Blumenau (FURB). É um bairro supergostoso, cheio de área verde, com tudo perto.

Tudo isso porque queríamos um ambiente familiar e descontraído para trabalhar. Estruturamos estações de trabalho, salas de reunião, cozinha completa e ambientes de descompressão com mesa de pingue-pongue e churrasqueira. Tinha um gramado também, batia um sol, era um lugar muito gostoso de se trabalhar, queríamos que nosso time estivesse feliz e confortável com o espaço. E assim foi.

Tinha muito trabalho a ser feito, então era comum ver alguém, principalmente eu, o Daniel ou o Ismael, ficando por lá até tarde da noite. Pufes, paredes com frases, churrascos, aula de yoga eram algumas das características que foram implementadas na nova casa com o objetivo de gerar uma cultura diferente da tradicional.

Na nossa parede, tinha uma frase do Richard Branson, megaempreendedor britânico que tenho como grande referência, que define bem esse momento: "Fazer o bem, se divertir e ganhar dinheiro".[21]

Foi também nessa época que decidimos ampliar nosso escopo. A partir dali, além de atuar com pontos de retirada, trabalharíamos com sistemas de pontos exclusivos, pontos de coleta e logística reversa. Os pontos exclusivos, como o próprio nome diz, tinham o objetivo de atender unicamente um determinado e-commerce. Entre outros benefícios, destacam-se a localização estratégica desses pontos para cada e-commerce e a publicidade de uma loja física, inclusive por meio de peças de marketing e personalização que eram oferecidas de modo customizado.

Já os pontos de coleta visavam beneficiar os pequenos vendedores, que inclusive utilizavam os grandes *marketplaces*. Um dos maiores do Brasil, inclusive, foi um dos nossos principais clientes e com quem, de fato, provamos o potencial da solução. Nessa época, esse público dependia só dos Correios e tinha dificuldade em negociar com transportadoras. Com a Pegaki, tornou-se possível que o vendedor do pequeno e-commerce levasse os produtos até o ponto mais próximo e que uma transportadora contratada por nós coletasse e entregasse ao cliente final, reduzindo, assim, custos de frete. Com isso, a logística reversa, isto é, quando o cliente deseja devolver ou trocar um produto, também ganhou tração.

Foi com esse apetite que começamos o ano, que foi muito bem-sucedido, com boa parte das metas alcançadas e uma série de aprendizados acumulados. Em números, saltamos de quinhentos para mil pontos, dobrando nossa rede. Do ponto de vista de tração, nosso volume de entrega saltou de quatrocentas para oitocentas entregas mensais, chegando a 7.200 entregas no ano. Foi em 2019 que também ultrapassamos a marca de 50 mil entregas.

Nesse mesmo ano, fechamos com diversos grandes e-commerces, entre eles a Dafiti, um dos maiores e-commerces de moda da América

---

21 A frase é também parte do título de um dos seus livros: BRANSON, R. **Ouse**: fazer o bem, se divertir, ganhar dinheiro. São Paulo: Saraiva, 2013.

Latina. Isso sem falar em uma infinidade de pequenos sites que também começaram a ser atendidos.

Na relação direta com os comércios que viraram pontos de entrega e coleta, também tivemos um ano excelente! Com certeza, nossa grande expansão foi junto aos pequenos comerciantes. No entanto, também fechamos com redes conhecidas, além de grandes shoppings de todo o Brasil. Os grandes pontos nos deram notoriedade e transmitem segurança e credibilidade para o mercado. Além disso, cada contrato com gigantes do e-commerce rendeu boas matérias na mídia e intensa repercussão nas redes sociais, o que colaborou para a consolidação do modelo de um modo geral.

A imprensa tende a dar espaço para inovações na área de prestação de serviço e para tendências comportamentais ou de mercado em fase de consolidação que resolvam problemas reais de interesse público. Estava claro, naquele momento, que logística era uma dor das empresas e da população. Soluções inovadoras capazes de mitigar essa dor de maneira criativa costumam ganhar os holofotes, e foi isso que aconteceu. Já em 2018, tivemos resultados importantes, com matérias no programa da TV Globo, *Pequenas Empresas & Grandes Negócios*,[22] no *Jornal da Band*[23] e na revista *Exame*, já citada lá atrás.

Quando grandes marcas ratificam essa solução inovadora, as pessoas notam, querem saber por que aquela marca está se posicionando daquela maneira, e isso tende a gerar ainda mais interesse da imprensa. Estrategicamente falando, a marca empresta para

---

[22] MUNARO, J. Donos de e-commerces apostam em outras opções de entrega. **G1**, 27 maio 2018. Disponível em: http://g1.globo.com/economia/pme/pequenas-empresas-grandes-negocios/noticia/2018/05/donos-de-e-commerces-apostam-em-outras-opcoes-de-entrega.html. Acesso em: 3 ago. 2021.

[23] COMÉRCIO aposta em formas diferenciadas de entregas. **Jornal da Band**. Video (2min30s). Disponível em: https://www.band.uol.com.br/noticias/jornal-da-band/videos/comercio-aposta-em-formas-diferenciadas-de-entregas-16444086. Acesso em: 3 ago. 2021.

essa startup a credibilidade dela, de modo que, à medida que essa startup comprova consistência operacional, ela constrói sua própria credibilidade e, em algum momento, se torna independente. A partir daí, é a startup que passa a emprestar a credibilidade para empresas menores ou desconhecidas e assim sucessivamente, formando um ciclo positivo e construtivo. Foi assim que aconteceu com a Pegaki. Teve um momento em que pequenos comércios se interessavam em se tornar um ponto de retirada e coleta pela possibilidade de aparecer na imprensa.

Aproveitando o ensejo dos pequenos comércios, é importante ressaltar que foram eles a nossa base de crescimento. Conforme fomos aprendendo sobre o comportamento do consumidor de e-commerce, percebemos que farmácias de bairro, pequenos mercadinhos, pet shops, distribuidoras de água, óticas e *lan houses* acabam funcionando muito bem. No dia a dia, muitas vezes, é o pequeno comércio que está no trajeto das pessoas. Um outro ponto importante é que, para esses comércios, a renda extra proporcionada pelo seu papel como ponto de retirada e coleta tem um impacto transformador no orçamento.

Já falei isso mas, durante a pandemia, tivemos pontos que chegaram a ganhar 15 mil reais em um único mês no auge da crise. E isso é uma coisa que me orgulha muito. O potencial disruptivo de uma solução se revela no impacto transformador na vida das pessoas. O modelo de ponto de retirada e coleta tem esse poder.

Vale também ressaltar aqui o papel da concorrência nesse contexto. Em 2019, as vendas on-line já apontavam forte crescimento e haviam muitos métodos de retirada rodando, tais como os *lockers* (armários implementados em espaços públicos para retirada de compras) ou os modelos de compra on-line e retirada na loja física de marcas próprias.

Não é exagero dizer que a Pegaki teve um papel importante na disseminação do conceito de ponto de retirada, ou de *pick up points*, como um todo, mas a evolução da concorrência também foi muito importante nesse sentido. A boa concorrência acelera o desenvolvimento do setor como um todo, e isso de fato aconteceu.

O ano foi tão bom que até mesmo o que seria um problema se tornou uma vantagem. Não chegamos nem perto de alcançar os 3 mil pontos prometidos: ficamos em mil. Em uma primeira análise, o indicador apontaria para um retumbante fracasso. Mas isso está longe de ser verdade. E vou explicar.

Ao longo do ano de 2019, percebemos que não era a quantidade de pontos conectados que sinalizaria sucesso ou fracasso da nossa operação, mas sim o volume de entregas intermediadas em cada um deles. Para se ter um exemplo prático, havia pontos que não movimentavam nada, enquanto alguns intermediavam milhares de entregas por mês. Assim, o sucesso no período começou a reverberar, e as primeiras conversas mais sérias sobre uma possível saída começaram a acontecer.

Já em 2020, decidimos focar os pontos de maior volume, e os dois primeiros meses do ano foram na mesma batida de 2019. No entanto, veio março, e os primeiros sinais de pânico com a pandemia causada pelo novo coronavírus mudaram tudo.

Covid-19, quase falência e nosso ressurgimento

O que aconteceu com a Pegaki e com nós, os sócios, entre março e dezembro de 2020, é difícil de explicar.

Passamos por muitas sensações, oscilações emocionais, certezas e incertezas absolutas sobre o mesmo assunto em frações de segundo. Foi tudo muito intenso. Ninguém acreditaria que o mundo iria viver o que sabemos que ele viveu e está vivendo ainda.

Da minha perspectiva, primeiro foi aquela tensão com as matérias sobre covid-19 na Europa, nos Estados Unidos e na Ásia, o fechamento do espaço aéreo dos países afetados, as cenas terríveis dos caminhões carregando corpos na Itália. Eu via, sabia que era real, mas parecia irreal também. Uma sensação de tragédia iminente meio que camuflada por uma falsa segurança de que o problema não vai bater na porta da gente. No Brasil, o Carnaval bombando. Só que a festa acabou.

Os primeiros casos de covid-19 no país começaram a ganhar notoriedade na imprensa entre o fim de fevereiro e a primeira semana de março. As empresas começaram a se movimentar, anunciar suas medidas, tudo muito rápido. Uma hora era a XP, dali minutos o Google, o Facebook. Um parceiro nos perguntou o que iríamos fazer. Um colaborador perguntou o que responder para um cliente, qual seria a postura adotada. É foda decidir tudo rápido, mas a gente tinha que decidir, todo mundo teve que decidir. O caos engole a sensatez, e é preciso fazer força para manter a cabeça no lugar e não se precipitar.

Na quarta-feira, 11 de março, eu e o Daniel sentamos para entender o que estava acontecendo, fazer contas, decidir a nossa posição. Listamos nossos custos: fornecedores em geral, aluguel, colaboradores, projetos futuros já planilhados e previamente acordados, tudo. Se a gente zerasse os custos, teríamos três meses de caixa. O ano de 2019 havia sido melhor, as coisas avançaram, se estruturaram, mas não tinha dado tempo de formar um caixa maior. O ano da tração era 2020, e estávamos vendo tudo ali, no precipício.

Negociamos devolver nossa casa/sede e encerrar ou reduzir contrato com fornecedores, demitimos duas pessoas, reduzimos o salário e a jornada dos que ficaram, e eu e o Daniel cortamos nosso pró-labore. O Ismael, nosso sócio desde o início, também decidiu partir para novos objetivos naquele momento.

Chegamos na sexta-feira, não por acaso, 13 de março. Seria cômico se não fosse trágico. Quando eu cheguei em casa, sentei perto da varanda e vi uma mensagem no meu celular, da qual você já conhece o conteúdo: "Me dê algum motivo para continuar, João", enviada pelo Daniel.

Como disse antes, o Dani é uma das pessoas mais sensatas que eu conheço, é um cara pragmático, focado, resolutivo, trabalhador. Ele pensa muito para falar, fala baixo, fala pouco, mas fala na lata. A pergunta dele, portanto, não era filosófica, era literal. Ele queria, realmente, algum motivo concreto para continuar. E eu não sabia responder.

A reflexão do Daniel não se devia só àquela crise, mas a todas as outras pela quais passamos e, em especial, ao nosso fracasso em uma negociação de saída, da venda da Pegaki. Eu não falei sobre isso até agora, mas em março de 2020 estávamos em franca negociação com uma grande empresa do mercado. Só que a proposta que eles fizeram, financeiramente, não nos agradou. E, por mais desesperados que estivéssemos naquele momento, a gente já tinha passado por fases difíceis antes, já tínhamos errado o suficiente para aprender que sim é sim e não é não. Aquela proposta não nos parecia boa.

Mas claro que tudo isso foi frustrante. Essa conversa começou em dezembro de 2019 e teve fim justamente em março de 2020. Outras propostas também estavam na mesa, mas a crise da covid-19 paralisou tudo.

E, aqui, eu volto para a mensagem do Daniel: "Me dê algum motivo para continuar, João".

"Chegamos até aqui, calma, vai dar certo", respondi.

Eu fingi que sabia do que falava, e ele fingiu que acreditou. E ainda bem que foi assim.

A gente ficou um mês, de 20 de março a 20 de abril, meio que trabalhando sem saber o que ia ser, visibilidade nenhuma. Parou de entrar dinheiro completamente. A gente evitava falar muito e, mais uma vez, estava tudo encaminhado para o encerramento oficial das operações da Pegaki. Acabou o dinheiro. Eram três opções simples: levantar capital e continuar, continuar sem levantar capital e se endividar ou fechar.

Falei com todos os investidores da Pegaki em busca de apoio financeiro, mas muitos, por motivos óbvios, não aceitaram, era o pior momento econômico para fazer isso, a bolsa estava despencando, parecia o fim do mundo, e ninguém sabia o que ia acontecer. Mas alguns malucos aceitaram, e conseguimos mais um mês de caixa.

Dias depois, o inesperado e inacreditável aconteceu.

O e-commerce começou a bater recordes de vendas. E quem vende tem que entregar, concorda? E se o problema de entregas já era enorme antes da explosão do e-commerce, a tendência é que ele se tornasse um problema ainda maior. Nesse *boom* de vendas, um dos maiores *marketplaces* do Brasil nos procurou para ampliar os trabalhos e dar vazão ao forte crescimento que registrava. Só que a gente tinha um problema: os comércios estavam fechados ou com horário restrito em boa parte das cidades, ainda mais na fase dura do isolamento, como usaríamos os pontos? A nossa estratégia, então, foi focar os que podiam ficar abertos ainda que com restrição e, principalmente, os serviços essenciais. Distribuidoras de água, mercadinhos, pet shops.

Da nossa fundação, em 2016, até o fim de 2019, havíamos somado 50 mil entregas. De abril a junho de 2020, somamos 1 milhão de entregas. De abril de 2020 a maio de 2021, somamos 6 milhões. A Pegaki tinha se provado. Todo o trabalho tinha sido feito, e estávamos prontos quando a oportunidade apareceu.

No fim das contas, o nosso trabalho livrou a cara de muita gente que precisava de dinheiro em meio à crise devastadora que o mundo vivia e ainda hoje vive. Mas tudo se adapta, e o mundo se adaptou rápido ao digital, não porque queria, mas porque precisou, foi na marra.

De acordo com um levantamento da Associação Brasileira de Comércio Eletrônico (ABComm) em parceria com a Neotrust,[24] o crescimento nas vendas on-line foi de 68% em comparação com 2019, elevando a participação do e-commerce no faturamento total do varejo, que passou de 5% no fim de 2019 para mais de 10% em alguns meses do ano passado. Além disso, a ABComm estima que mais de 20 milhões de consumidores realizaram uma compra pela internet pela primeira vez em 2020 e que 150 mil novas lojas passaram a vender também por meio das plataformas digitais. No total, foram mais de 301 milhões de compras por e-commerce em 2020.

Fazendo uma analogia, eu diria que, de um lado, havia uma represa com bilhões de litros de água para escoar. Do outro, milhões de pessoas sedentas. Mas, no meio, não havia uma rede de encanamentos suficiente. Quando as lojas físicas fecharam e todas as compras se concentraram no on-line, o volume de entregas começou a sobrecarregar a capacidade de distribuição utilizada até ali. Nesse momento, os e-commerces procuraram alternativas para dar vazão às entregas. Entre elas, encontraram a Pegaki, com uma rede de 1.500 pontos espalhados pelo país, prontos para atender essa demanda.

Naquele momento, voltamos a ser assediados por novos compradores. Todos os grandes players do mercado estavam de alguma forma, procurando soluções logísticas. Transportadoras, redes de varejo, e-commerces, muitas propostas. A gente ouvia todas, mas não fazia sentido nenhum vender, finalmente o negócio estava voando.

---

24 COMÉRCIO eletrônico tem salto em 2020 e dobra participação no varejo brasileiro. **E-commerce Brasil**, 2 mar. 2021. Disponível em: https://www.ecommercebrasil.com.br/noticias/comercio-eletronico-salto-2020-varejo/. Acesso em: 3 ago. 2021.

A saída da Pegaki

Nesse momento, a tendência do mercado era empresas que estavam abrindo capital ou levantando muito dinheiro de fundos estrangeiros buscarem aquisições de novas startups como estratégia de expansão e novo posicionamento.

Nesse cenário, em um mercado com poucos grandes players e muitas sardinhas, é preciso tomar uma decisão: se juntar aos grandes para criar algo muito maior ou ir na direção contrária em um mercado altamente aquecido e com muito capital. Dessas duas grandes opções, derivam diversas dúvidas: é hora de vender? Se eu segurar, vou perder a oportunidade? É preciso pensar, levar em consideração uma série de variáveis – sem contar fatores sobre os quais você não tem controle algum.

Como visão de mercado, acredito que o melhor modelo é o misto, isto é, quando uma startup consegue utilizar os recursos de uma gigante e, ainda assim, preservar a sua cultura e o modelo de negócio, incluindo manter o controle da empresa.

- **Sobre vender ou não, é preciso compreender o *timing* das coisas.** Um caso emblemático é o do aplicativo Snapchat. Em meados de 2012, foram veiculadas uma série de notícias na imprensa[25] sobre uma possível oferta do Facebook no valor de 3 bilhões de dólares pelo serviço de compartilhamento de fotos. Em uma matéria da revista norte-americana *Forbes*,[26] o cofundador do Snapchat, Evan Spiegel, dá detalhes da oferta e das razões pelas quais recusou a

---

[25] CEO do Snapchat explica por que rejeitou oferta de compra pelo Facebook. **Canaltech**, 7 jan. 2014. Disponível em: https://canaltech.com.br/negocios/CEO-do-Snapchat-explica-por-que-rejeitou-oferta-de-compra-pelo-Facebook/. Acesso em: 3 ago. 2021.

[26] COLAO, J. The Inside Story Of Snapchat: The World's Hottest App Or A $3 Billion Disappearing Act?. **Forbes**, 6 jan. 2014. Disponível em: https://www.forbes.com/sites/jjcolao/2014/01/06/the-inside-story-of-snapchat-the-worlds-hottest-app-or-a-3-billion-disappearing-act/?sh=4441a27d67d2. Acesso em: 3 ago. 2021.

proposta. Em 2016, segundo o site Business Insider,[27] o Google ofereceu nada menos do que 30 bilhões de dólares pela empresa, dez vezes mais que o Facebook. Spiegel declinou novamente.

No ano de 2020, o app registrou um prejuízo de 944,8 milhões de dólares. Por outro lado, o número de usuários ativos diariamente chegou a 265 milhões no quarto trimestre de 2020, um aumento de 22% no comparativo anual.

Resumindo: o Snapchat ainda cresce junto ao público, mas a conta não chega nem perto das ofertas realizadas por Google e Facebook, mesmo com o prejuízo diminuindo ano a ano. Além disso, as principais redes sociais já copiaram diversas funcionalidades do Snapchat. Aquele caráter de inovação também se perdeu. Tudo que é inovador, um dia, se torna padrão e, posteriormente, obsoleto.

O limite da negociação é difícil de saber, é uma decisão que só os sócios envolvidos na operação podem tomar e, mesmo assim, não terão 100% de certeza de que chegaram, realmente, ao melhor desfecho. Se eu fosse o dono do Snapchat, teria aceitado a oferta para me plugar a uma gigante, ainda mais considerando que a tecnologia poderia ser facilmente copiada, como de fato foi.

Naquele momento, com a Pegaki em alta e algumas propostas surgindo, a discussão sobre a possibilidade de vender a empresa também se tornou um dilema para nós.

Foi aí que eu me surpreendi com o Stefan Rehm, fundador da Intelipost. A gente se conheceu lá em 2017, durante um evento em São Paulo. O Stefan é um cara que veio do mercado de fundos de investimento, um cara que entende de mercado financeiro profundamente. Ele acabou sendo transferido para o Brasil e o fundo para o qual trabalhava investiu na Evino, um e-commerce de vinhos bastante famoso. Envolvido no

---

27 HEATH, A. Insiders say Google was interested in buying Snap for at least $30 bilion last year. **Business Insider**, 3 ago. 2017. Disponível em: https://www.businessinsider.com/google-offered-to-buy-snapchat-for-at-least-30-in-early-2016-insiders-say-2017-8. Acesso em: 8 ago. 2021.

projeto, foi ali que ele descobriu os problemas logísticos do Brasil, algo que a gente também tinha percebido lá em 2015.

Neste período, ele fundou a Intelipost, atualmente, plataforma líder em gestão de fretes no Brasil, com uma média de 1 bilhão de cotações de frete e mais de 19 milhões de pedidos ao mês. Era um cara que a eu me dava bem, ele entendia do negócio, ele estava capitalizado e, em termos de sinergia estratégica, me parecia uma excelente opção. A Pegaki agregaria à proposta da Intelipost, porque pontos de retirada e coleta são determinantes se você se propõe a resolver o problema de gestão de fretes. Quando você vai vender uma empresa, precisa pensar no dia depois da venda. Ele era um cara que iria otimizar a Pegaki, e não matá-la ou torná-la um departamento, como acontece em muitas fusões e aquisições. Era o futuro que eu almejava. Eu queria que o negócio desse certo.

E, para minha surpresa, os termos propostos nos pareceram bem atraentes. Eu percebi que eles queriam o time da Pegaki e que os planos eram de longo prazo. Nos alinhamos e acertamos a nossa venda.

Não cometeríamos os mesmos erros do passado. Contratamos um advogado especialista em M&A (*Mergers and Acquisitions*, ou fusões e aquisições), o Felipe Barreto Veiga, de quem já falamos. Ele nos apoiou demais e foi peça determinante no sucesso da operação. Do lado da Intelipost, Ivan Bose do Amaral, um cara extremamente experiente em operações de fusões e aquisições. A diligência jurídica e os alinhamentos técnicos são um processo extremamente desgastante, complexo, e devem ser tocados por quem entende do assunto. São horas de reuniões, muitas dúvidas, que devem ser exaustivamente debatidas e elucidadas.

O nosso acordo foi divulgado para a imprensa no início de fevereiro de 2021. Por razões contratuais, não posso abrir detalhes da negociação, mas posso falar sobre os vários fatores que nos levaram a dizer sim, com destaque para três::

- A oferta financeira foi muito boa. Embora o valor não possa ser divulgado, se enquadra na definição de saída antecipada que discutimos anteriormente – startups vendidas em um período de até 5 anos desde a fundação por valores entre 5 e 50 milhões de reais;
- O alcance da Intelipost e as possibilidades que passaríamos a ter faziam sentido para o nosso grande objetivo de impacto. Enquanto escrevo este livro, mais de 4 mil sites no Brasil usam a tecnologia da Intelipost para gerenciamento, despacho e rastreamento de frete. Todos os meses, são mais de 19 milhões de pedidos de entregas realizados;
- Tivemos a possibilidade de manter o controle e a independência da empresa, isto é, com conselho e governança próprios, mas agora com a força e o apoio estratégico da Intelipost.

Essa foi a segunda fusão ou aquisição da Intelipost desde que recebeu um aporte de 130 milhões de reais da Riverwood Capital, mesmo fundo *private equity* que também investiu nas startups brasileiras Omie, Resultados Digitais, VTEX e 99. As duas últimas são avaliadas em mais de 1 bilhão de dólares, o que as torna parte do clube dos unicórnios brasileiros. Em dezembro de 2020, a Intelipost também anunciou a fusão com a AgileProcess, especializada em gestão de entregas de e-commerce. "A ideia é que, juntas, as três companhias (Intelipost, Pegaki e AgileProcess) sejam capazes de criar um ecossistema mais rápido e eficiente para varejistas e transportadoras", afirmou a nota divulgada à imprensa.[28]

Até 2024, a Pegaki tem o objetivo de alcançar 20 mil pontos credenciados. Apesar da agressividade da meta, os números estão alicerçados

---

28 INTELIPOST anuncia aquisição da startup Pegaki. **Pegn**, 4 fev. 2021. Disponível em: https://revistapegn.globo.com/Startups/noticia/2021/02/intelipost-anuncia-aquisicao-da-startup-pegaki.html. Acesso em: 8 ago. 2021.

em uma demanda real. Segundo o relatório Recovery Insights da Mastercard,[29] divulgado em abril de 2021, a digitalização acelerada em 2020 movimentou globalmente mais de 900 bilhões de dólares.

Ainda na mesma pesquisa, de acordo o índice SpendingPulse, o e-commerce do Brasil teve uma expansão de 75% em 2020, chegando a representar 11% das vendas do varejo em seu pico. A participação do e-commerce nas vendas do varejo brasileiro, antes da crise, era de 6%. De acordo com o relatório, a previsão é que cerca de 20% a 30% da mudança global para o digital impulsionada pela crise de covid-19 seja permanente.

A Pegaki tem tudo para crescer em relevância nesse mercado em franca expansão. E, para entender quanto ainda podemos avançar, basta pensarmos na China, a grande economia que nos mostra o potencial do setor e que está prestes a ver o e-commerce superar as lojas físicas ainda em 2021.[30]

Para competir nesse mercado, nós precisávamos de fôlego e mais estrutura. Foi assim que nossa transação aconteceu, e ela fazia sentido para nós.

Mas será que a saída antecipada vale a pena para todo mundo?

---

29 RECOVERY Insights: Commerce E-volution. **Mastercard Economics Institute**, abr. 2021. Disponível em: https://www.mastercardservices.com/en/recovery-insights/commerce-e-volution?source=pr&cmp=lac.en-us.lac.b2b.mastercard.com.mc.press..gen.commerce-e-volution..download.lac-press. Acesso em: 8 ago. 2021.

30 Para 2021, a projeção é que esse número chegue a 52,1%. O país passou por longos processos de massificação de plataformas que incentivaram a compra e venda online. Dez anos atrás, a penetração de e-commerce do país marcava cerca de 5%. Para saber mais, acesse: https://exame.com/negocios/china-esta-prestes-a-ser-o-primeiro-pais-onde-o-e-commerce-supera-as-lojas-fisicas/ ou https://www.ecommercebrasil.com.br/noticias/varejo-online-deve-superar-varejo-fisico-china/.

Quando você vai vender uma empresa, precisa pensar no dia depois da venda.

Eles também realizaram uma saída de mestre

O *boom* das fusões e aquisições alterou a rota de muitos empreendedores brasileiros nos últimos anos e foi um marco na vida de todos eles. A seguir, reunimos alguns casos interessantes de saídas que passeiam desde a criação do negócio, detalham todo o processo de negociação e concretização até a realidade do pós-venda, planos futuros e visão macro do mercado. Todas as entrevistas desse capítulo bônus foram realizadas entre abril e agosto de 2021.

STÉPHANIE FLEURY
fundadora do DinDin, comprado pelo Bradesco

A história da Stéphanie Fleury é uma daquelas que quanto mais a gente ouve, mais fascinados ficamos. A goiana de 37 anos começou a trabalhar com sua mãe aos 13, ajudando na venda de semijoias. Com 15 anos (sim, você leu certo), foi aprovada no vestibular de Administração pela PUC-Rio e arranjou seu primeiro estágio em uma grande empresa, a Tim, aos 19 anos. Aos 22 anos, foi expatriada pelo maior grupo de telecom do Caribe, com sede na Jamaica. O projeto era ficar por lá três meses, mas ficou dois anos. Depois disso, a administradora foi trabalhar no Vale do Silício, Califórnia, onde permaneceu por seis meses antes de voltar para o Brasil. Certamente a história da Stéphanie rende um livro por si só, mas o nosso foco aqui são *cases* de saídas de mestre, voltemos para ele.

Durante uma viagem para Nova York, em 2015, na hora em que foi rachar o Uber com uma amiga, Stéphanie conheceu o aplicativo Venmo, plataforma norte-americana de pagamento on-line com uma pegada de rede social. Basicamente, com o aplicativo é possível dividir os pagamentos e cobrar quem está devendo de um jeito mais *light*. A dor preenchida é óbvia: muita gente já deve ter vivido a experiência de pagar a conta total e dizer para os amigos "depois a gente acerta", e esse "depois" nunca acontecer. Aí a pessoa que pagou, sem graça, não cobra e assume o prejuízo.

"Quando eu vi esse aplicativo, pensei: é isso! Esse é o negócio da minha vida!". Foi assim que, em 2016, nasceu a carteira digital DinDin. Inicialmente, o negócio começou com Stéphanie e Juliana Hadad (a amiga do Uber), que saiu dez meses depois. Uma história curiosa é que, logo que o DinDin foi lançado nas lojas de App, pintou uma crítica repleta de argumentos extremamente contundentes quanto às funcionalidades da solução..

O autor da avaliação era Renato Avila dos Santos. "As observações dele eram tão detalhadas que o chamei para trabalhar conosco. Rapidamente, assumiu como nosso sócio e Diretor de Tecnologia (CTO)", conta Stéphanie. Logo depois, Juliana se desligou da operação e Brunna Beccaro entrou para assumir o cargo de Diretora Financeira. De 2016 a 2018, o DinDin passou por diversas adaptações até encontrar um formato escalável dentro da realidade brasileira. No fim das contas, o negócio se tornou uma carteira digital para pessoas físicas e jurídicas que tinham pouco ou nenhum acesso ao sistema financeiro, que disponibiliza transferências gratuitas, pagamento de contas, um cartão físico e outro virtual para compras on-line, entre outras funcionalidades. Hoje esses serviços já são uma realidade comum para muitos bancos, mas representaram uma disrupção profunda na época.

Durante todo esse período, Stéphanie bancou sozinha o negócio. "Eu fiz *bootstrapping*, que é quando você se financia, quando você coloca dinheiro do próprio bolso no negócio", conta. No entanto, chegou um momento em que o dinheiro acabou e Stéphanie foi para o mercado em busca de capital. "A gente sentia que as pessoas gostavam do business, gostavam do time, mas ficavam com a pulguinha atrás da orelha. Eu lembro de uma reunião muito emblemática com um *venture capital* e o cara queria tanto, mas não conseguiu. Ele falou 'eu sei que vou me arrepender, mas por hora eu não vou'. Você via que ele queria fazer o negócio e o outro sócio ficou reticente, aí não rolou", relembra Fleury.

"Os investidores estavam procurando alguém que já tivesse um *track record* em startups, ou um registro anterior de exit, e a gente não tinha, claro. A verdade é que o Brasil é um mercado super novo ainda, cada vez mais você tem empreendedores que fundaram e venderam, ou fundaram e já passaram por séries de rodadas maiores, mas ainda é um grupo muito seleto de pessoas, normalmente formado por homens.

O fato é que as portas para acesso ao capital estavam fechadas para nós", completa..

Foi aí que, assim como a Pegaki, o DinDin foi selecionado para realizar a captação via equitiy crowdfunding através da EqSeed. Em sua primeira e única rodada de investimento, a empresa captou 600 mil reais em apenas doze dias. O valor pode parecer pequeno, sobretudo se comparado aos investimentos atuais, mas há de se considerar as circunstâncias, que na época representava a maior e mais rápida já feita no Brasil e ainda a única liderada por uma mulher.

"Na ponta do lápis, 600 mil reais é um valor baixo, são 50 mil reais por mês por um ano, é quase nada para o que pretendíamos. Só que nós não tínhamos alternativa, todas as outras portas estavam fechadas. O mercado de investimentos em startups em early stage sequer existia há cinco anos. Eu gostaria de ter captado mais, mas, no final das contas, foi esse o aporte que nos levou para o outro momento". De fato, a partir dali, o negócio, que já era promissor, acelerou.

Um pouco mais adiante, o DinDin foi premiado em duas universidades americanas (Kellogg e Wharton) e Stéphanie ganhou ainda mais notoriedade ao ser premiada e representar o Brasil em uma competição em Paris para mulheres empreendedoras da empresa de meios de pagamento Visa. Meses depois, pintou uma proposta de um segundo investimento, dessa vez ofertado por um parceiro gigante: o Bradesco. "Fui abordada no LinkedIn por uma boutique de consultoria do grupo Bradesco. Rolaram umas conversas de investimento logo no começo do ano, no período pré-pandemia, mas no decorrer do tempo, a proposta se tornou uma tese de aquisição, que no final, vingou", conta.

Dessa forma, da fundação do aplicativo para o evento early exit, foram quatro anos. Da primeira rodada para proposta foram menos de dois, cerca de vinte meses, o que rendeu um lucro bastante interessante para os investidores, já que a empresa captou apenas uma vez e nenhum dos 46 investidores iniciais foi diluído. Na prática, toda a operação do DinDin foi comprada pelo Bradesco, o que envolve tecnologia, time, carteira de clientes e produtos.

Fleury diz que não pensava em vender a empresa até ser procurada pelo Bradesco. Ao compreender o quanto o banco queria investir no Bitz, sua própria carteira digital, os sócios decidiram que seria melhor vender a DinDin para acelerar o crescimento da startup. "Muitos fatores nos levaram a tomar a decisão da venda. Seria cada vez mais complicado tracionar, o mercado tinha mudado e já haviam muitos concorrentes fortes. Entendemos que era hora de nos plugarmos a um gigante para conseguir participar de um projeto escalável".

Evidentemente, Stéphanie também ouviu críticas quanto à decisão ao sacramentar a saída. "Tem gente que pode encarar como uma atitude precipitada . Saiu antes da série A, antes da série C, e por aí vai. Na minha opinião, '*haters will be haters*' (em tradução livre, odiadores serão odiadores). A gente queria participar de um projeto grande, mas o propósito continuou, só mudaram posições. Foi um excelente negócio para todos os envolvidos".

Perguntada sobre a razão pela qual o Bradesco optou pela DinDin frente às outras opções disponíveis que haviam no mercado, ela acredita que a empresa estava na hora certa, no lugar certo, com o time certo e sem problemas. "Uma das dicas mais importantes que posso dar: deixe o negócio redondo. Eu sempre me interessei muito pelo administrativo, pela contabilidade, pelo tributário, a Brunna também, então nossa empresa estava certinha. Tudo isso foi determinante para que o deal saísse, porque passamos por três diligências: auditoria, auditoria interna do banco e auditoria do escritório de advocacia. Portanto, a dica é: façam direito desde o começo porque se sair antecipado, não vai ter tempo de consertar no meio do deal e o negócio pode não rolar por causa disso".

RODRIGO DANTAS
fundador da Vindi, comprada pela Locaweb

"As melhores decisões que tomei na vida sempre foram no dia seguinte". Talvez essa frase de Rodrigo Dantas dê o tom da sinuca de bico em que se mete diariamente o empreendedor, ainda mais diante da possibilidade de um exit. Fundador da Vindi, um SaaS (Software as a Service, ou em português, software como serviço) de cobrança e pagamento em modelo de assinatura, Dantas mantém o cargo de CEO da empresa, mas também atua como diretor executivo e estratégico na área de M&A na Locaweb, posição que ocupa após a aquisição em 2020 da sua startup pela gigante, em um acordo de 180 milhões de reais.

"Conhecemos a Locaweb em 2015. Nosso sonho era tê-los como clientes. Sempre admiramos a empresa, trata-se de uma companhia com mais de 400 mil clientes recorrentes, de modo que tudo aconteceu como um namoro longo. Do ponto de vista motivacional, acredito que escolhemos as pessoas e não o acordo ideal", revela.

"Tínhamos outras propostas na mesa e o curioso é que estar no meio de uma competição entre players estratégicos foi importante para termos a certeza sobre com quem queríamos fechar. Basicamente, a decisão pela Locaweb se deu pelos fundadores e executivos que estavam lá, nossa autonomia como empresa e uma combinação entre valor e futuro. Na prática, antes de assinarmos, nos certificamos de que eram pessoas que gostaríamos de trabalhar", completa Dantas.

Segundo o executivo, a negociação com a empresa, entre o flerte e o casamento, levou sete meses. "Acho que nossa vantagem é que, na Vindi, tínhamos experiência com esses *deals*. Fizemos cinco M&As, três *fundraising* e compramos duas empresas antes de realizar o *deal*. Então, estávamos calejados e com a empresa redonda, o que facilitou todo o processo", explica o fundador.

Para além de suas funções na Locaweb e na Vindi, Rodrigo Dantas é hoje uma figura relevante no ecossistema de startups como um todo. Especializado em inovação pela Universidade Stanford, é investidor-anjo de uma série de empresas como a idwall, Conta Simples e Chatpay; e ainda é investidor.

"Invisto em startups por dois motivos: primeiro para continuar respirando inovação na raiz, na garagem, e para, obviamente, ter um retorno financeiro em empresas que acredito que eu possa ajudar. No lab.capital já fizemos algumas saídas, mas confesso que elas acabam sendo mais orgânicas do que uma ideia prioritária ao investir em startups. No final, é o nosso MBA, nosso investimento em conhecimento", diz.

Além disso, Rodrigo comanda, ao lado de Paulo Silveira (Caelum/ Alura), o *Like a Boss*, um dos mais aclamados podcasts de empreendedorismo e inovação do Brasil. Ou seja, ele está mais que acostumado com o lado bom e ruim do empreendedorismo: as dores, mazelas, viradas e vitórias inerentes à realidade de quem quer criar algo realmente inovador e, claro, tem também uma visão privilegiada sobre as perspectivas do ecossistema.

"Acredito em uma imensa 'cruzada' para as grandes corporações nesses próximos anos. Ou compra inovação e desenvolve pessoas ou terá que resolver de forma muito rápida em casa, coisa que em mercados mais maduros já vem acontecendo há tempos. Salesforce, Stripe, Microsoft e Google são exemplos de quem já faz isso muito bem. Minha recomendação é não fundar uma empresa para vender, e sim para criar bastante valor para o cliente, para a sociedade e para os acionistas, o resto vem naturalmente", diz.

Referente ao *boom* crescente de fusões e aquisições registrados de 2020 para cá, e apesar da perspectiva otimista em torno do assunto – uma vez que o acesso ao capital é uma boa notícia para empreendedores inovadores –, o executivo acredita que há um possível ônus acerca desse movimento de liquidez: a escassez e a disputa insana por talentos.

Em uma matéria assinada pelo jornalista Carlos Sambrana e publicada pelo portal NeoFeed em fevereiro de 2021,[31] Rodrigo Dantas fez a seguinte afirmação: "Se não formarmos profissionais de tecnologia, teremos um problema grave dentro de cinco anos. Com a aceleração do Brasil sendo mais digital, o país não vai crescer".

A matéria contextualiza: "O problema atual é que, na velocidade que os cheques milionários estão sendo feitos para as startups, o país não está formando a quantidade necessária de engenheiros de software, cientistas de dados e profissionais de produtos". E abre aspas para Dantas: "Então, virou um jogo de rouba-monte [...] Tem juniores ganhando como seniores. Profissionais que ganhariam 7 mil reais estão ganhando 16 mil", explica o investidor.

Na mesma reportagem, o executivo argumenta ainda que "especificamente no Brasil e na América Latina, não estamos acompanhando os ritmos dos investimentos [...], há muito dinheiro no mercado, as apostas em startups [estão] aumentando, só que temos um gap muito grande de profissionais de tecnologia. No Brasil, quando uma empresa levanta uma rodada série C ou série D, ela tem que achar dentro de casa ou fazer um movimento predatório para encontrar engenheiro de software, designer de produtos, até gente de marketing. Isso não estaria acontecendo se tivéssemos uma velocidade de formação de gente de tecnologia mais estruturada", finaliza.

---

[31] SAMBRANA, C. Rodrigo Dantas, da Vindi, solta a voz e diz que, no mundo dos aportes, nem tudo são flores. **NeoFeed**, São Paulo, 23 fev. 2021. Disponível em: https://neofeed.com.br/blog/home/rodrigo-dantas-da-vindi-solta-a-voz-e-avisa-que-no-mundo-dos-aportes-nem-tudo-sao-flores/. Acesso em: 8 ago. 2021.

PAULO ORIONE
fundador da Decora, comprada pelo grupo norte-americano CreativeDrive

"Quando o bicho pegava no escritório, eu e meu sócio íamos até uma praça ali perto para meditar alguns minutos. Sempre que eu abria o olho, meio de canto, sentia que algumas pessoas nos observavam, estranhando aquilo. Mas, no dia seguinte da venda da nossa empresa, quando saiu os valores da transação na imprensa, a praça estava cheia de gente meditando", conta Paulo Orione, aos risos. Não era para menos que a praça estivesse lotada. Em 2018, aos 29 anos, Orione fechava um acordo de 100 milhões de dólares (o que, na época, equivalia a quase 330 milhões de reais) ao vender a startup Decora para o grupo norte-americano CreativeDrive.

Fundada em 2012 com o então colega do curso de Administração, Gustavo do Valle, a Decora começou suas operações como uma espécie de *marketplace* para contratação de designers de interiores. Com o tempo, pivotou algumas vezes até se destacar no cenário internacional em 2018 com a criação de cenários de decoração em 3D. Naquela época, a startup catarinense produzia mais de 15 mil modelos de produtos 3D e 7 mil ambientes digitais por mês, atendendo a varejistas de médio e grande porte nos Estados Unidos e em parte da América Latina.

O foco da empresa era a produção de 3D em larga escala. A Decora criou um sistema de inteligência para conectar *jobs* a profissionais espalhados pelo mundo inteiro, todos agrupados por habilidades e segmentos. O sistema sinalizava o grau de dificuldade para o desenvolvimento da tarefa, tempo estimado e preço de produção, de forma a identificar o melhor custo possível para aquele trabalho.

Com o tempo, identificou-se que o perfil de profissional mais adequado para os projetos era o de arquitetos decoradores, uma vez que os trabalhos envolviam não só a criação da peça, mas do cenário onde ela está contextualizada. O problema é que esse profissional, em geral, não tinha conhecimentos específicos sobre os programas 3D.

Para resolver esse gargalo, a Decora criou um software baseado em CGI (omputer-Generated Imagery, que em português pode-se ler como imagens geradas por computador). Resultado: a empresa ampliou exponencialmente o volume de produção de imagens com um crescimento na ordem de 1.000%, elevando a qualidade e barateando o preço.

Acerca do modelo de negócio, a Decora atuava com um fluxo de caixa positivo, recebendo antes de gastar, e trabalhando em contratos que variavam de 100 mil reais a 4 milhões de dólares. Dessa forma, a startup construiu uma história fora da curva: com dinheiro em caixa, cresceu sem aportes externos e preservou o controle acionário da empresa com os sócios. Todo o contexto dava corpo a uma startup de proposta arrasadora. E assim foi.

Apesar de relativamente pequena, um ano depois da sua entrada nos EUA, a Decora já incomodava gigantes do setor. Até que um dia o presidente da CriativeDrive entrou em contato por LinkedIn com um dos diretores da Decora informando que queria comprar a empresa, assim, de forma direta, sem muitos rodeios. "O momento era bom, porque eles queriam comprar mais do que a gente vender. A empresa estava crescendo cinco vezes por ano e nós já tínhamos salário de executivo e bônus, não havia pressa para vender. Estávamos em uma posição confortável de negociação", relembra Orione.

Diante a proposta, Paulo e os sócios avaliaram e entenderam que o negócio que tinham nas mãos valia mais. Para validar essa perspectiva de valuation, contrataram uma empresa de M&A e buscaram outras propostas no mercado. De fato, havia interesse, mas ainda assim não receberam nenhuma proposta que valesse a pena fechar negócio.

Passados alguns meses, a CriativeDrive voltou com outra proposta, dessa vez bem mais apetitosa: 100 milhões de dólares. Havia dois caminhos: fazer o *early exit* em um momento de pleno crescimento e colocar alguns milhões no bolso ou continuar trabalhando na expansão da empresa, apostando em uma venda futura capaz de ser ainda maior.

"Entender o momento certo de venda pode ser a diferença entre faturar menos do que um unicórnio mas, ainda assim, ganhar muito bem, ou ganhar muito menos depois, pois a taxa de crescimento da empresa pode se estabilizar ou até mesmo cair, depreciando sua valuation. É aquele caso em que você esperou vários anos para vender a empresa e, no final do dia, vai receber menos, porque o pico de crescimento já havia passado", frisa Paulo Orione.

Foi após conversas assim que decidiram vender a Decora. O acordo foi a segunda maior aquisição envolvendo empresas de tecnologia do país no ano de 2020, atrás apenas da venda da 99 para a chinesa Didi Chuxing. No entanto, como em vários outros processos de aquisição, o acordo com a CriativeDrive envolvia a permanência dos sócios por um período de tempo, além, é claro, do estabelecimento de metas para a concretização do *earn-out*, ou seja, o pagamento de uma parcela do preço de aquisição ficaria condicionado ao alcance de uma meta.

"Um processo de aquisição envolve três cheques. O primeiro é o da compra, ali, no momento da assinatura. O segundo, é o da permanência dos empreendedores e sócios em cargos executivos durante um período predeterminado. E o terceiro é referente ao *earn-out*. Nós levamos os dois primeiros cheques, não batemos a meta por diversas razões. Então, o *deal* de 100 milhões de dólares não foi de 100 milhões de dólares, mas foi ótimo mesmo assim", explica Paulo.

De acordo com o empreendedor, entre outros pontos, as maiores dificuldades encontradas para o alcance da meta foram os cortes sucessivos no processo de venda e nas ferramentas de inovação. "Viajávamos sempre em três para realizar as vendas, porque cada um complementava o outro e dominava sua área. É um tema diverso, que envolve uma equipe multidisciplinar, mas a empresa estava em processo de preparar sua venda e reduziu os custos. Passei a fazer essas negociações sozinho e simplesmente não conseguia responder todas as perguntas com a mesma eficiência dos meus sócios. Além disso, a área de inovação sofreu cortes, e nossa competitividade diminuiu", avalia.

"Nos últimos seis meses, eu já estava vendido e já sabia que o terceiro cheque não ia chegar, até porque nós já tínhamos os principais clientes em potencial e nosso crescimento iria em direção a clientes menores, o que tornaria esse *target* (público-alvo) ainda mais difícil", lembra Paulo. Nesse momento, os executivos tinham muito dinheiro no banco, mas o trabalho estava péssimo. "Nos piores momentos, eu pensava que tinha aceitado aquela troca, de viver mal para fazer um bom dinheiro, mas que só conseguiria fazer aquilo por um curto período de tempo, como foi o que fiz. Tanto que não aceitei a proposta deles para continuar como executivo da empresa. E eu falo isso abertamente, pois não sou a favor do empreendedorismo porcelana", revela.

Orione acrescenta ainda que essa dificuldade na atuação como executivo só reforçou sua certeza de que a escolha pelo *early exit* foi uma decisão acertada. "Esse processo dificultou meu *earn-out*, mas só pensava que, se eu estivesse sozinho para competir com aquilo, talvez não conseguisse ficar de pé. E poderia morrer com o negócio na mão, o bonde poderia ter passado", pontua.

Sobre conselhos para empreendedores que buscam construir uma startup de sucesso, Orione entende que a aquisição é o maior reconhecimento possível que uma empresa pode receber, independente do estágio em que acontecer, pois prova que o empreendedor fez uma coisa que tem valor para alguém. "Há um estigma de que a venda antecipada só acontece por um fracasso do empresário. Há essa falsa impressão de que o único caminho de sucesso é a venda por bilhões ou fazer um IPO. E isso é uma bobagem enorme. Foi muito bom vender e continuo achando que quem tiver a oportunidade de vender, deve fazer isso mesmo, pois a vida não dá muitas oportunidades assim. Além do que, você bota um bom dinheiro no bolso e fica com o nome no mercado, o que faz toda a diferença. Sim, a gente colocou bastante dinheiro no bolso, mas toda notícia de aquisição é só metade da história."

ALFREDO SOARES
fundador da XTech, comprada pela VTEX

Alfredo Soares, sócio e vice-presidente da VTEX, gigante multinacional brasileira de tecnologia, começou sua relação com a empresa com uma promessa. "Encontrei o Mariano (fundador e co-CEO da VTEX) em um evento e disse: 'vou criar uma empresa com um serviço tão bom e com um nome parecido. Toda vez que procurarem você, vão me achar. Você vai ter que me comprar.' E ele me respondeu: 'beleza, faz isso aí que eu compro!'". Em dezembro de 2017, a VTEX anunciava a aquisição da XTech por 14 milhões de reais em uma saída antecipada certeira.

Naquele ano, a XTech Commerce cresceu 200% e contava com mais de 45 mil lojas criadas que, juntas, alcançaram um faturamento de mais de 250 milhões de reais no ano. Ou seja, a startup ia bem e a tendência era crescer. Então, por que vender?

"Acho que a saída é um momento específico de alinhamento entre as empresas e o mercado, tanto do segmento, quanto do de capitais. Aí, vai depender do apetite do empreendedor e dos seus planos para o futuro, para ele e para a empresa. Certa vez ouvi do Rodrigo Cartacho, fundador da Sympla, que existem janelas para um exit. Nesse sentido, o mais importante é você saber qual a diferença em esforço x investimento x tempo entre as janelas. Assim, você vai ver sua disposição para poder decidir. No meu caso com a Xtech, eu analisei o mercado, potenciais compradores, comportamento e o modelo de compra de plataformas estrangeiras. Desse modo, preparei a oportunidade para, mais do que vender a Xtech, usá-la para comprar parte da VTEX", conta.

Dito e feito. Alfredo entrou para a VTEX como Head Global SMB e, três anos depois, se tornou vice-presidente institucional e sócio da companhia que durante o período viveu seu maior momento de escala e valorização, saindo de 150 funcionários para 1.500. Durante o processo de integração e evolução dentro da empresa não ocorreu do dia para a noite. "Foi uma rotina de alinhamento de interesses e expectativas enorme, onde a nova estrutura me deu acesso a novos níveis de recursos e ferramentas. Nesse sentido, o que mais me impactou foi passar a ter uma camada acima junto comigo nas decisões estratégicas e a necessidade de estruturar as iniciativas para conseguir aprovar ou mostrar algo que deu certo para todos. Não posso falar que foi fácil, porém foi muito prazeroso e receptivo".

Fundada em 2000 por Mariano Gomide de Faria e Geraldo Thomaz, a VTEX é a sexta maior empresa de e-commerce do mundo, em 2021 fez seu IPO na bolsa de Nova York com um valuation de mais de 3,2 bilhões de dólares e levantou nada menos que 361 milhões de dólares em sua estreia.[32] Dentre outros investidores de peso, a empresa recebeu aportes de instituições como Tiger Global Management, Lone Pine Capital, Softbank e Constellation.

Alfredo já realizou outras duas saídas antecipadas ao longo dos anos, tanto como empreendedor quanto como investidor. Com o tempo, ele fez questão de compartilhar o conhecimento que conquistou a partir de todas essas experiências. Já publicou dois livros, *Bora vender*[33] e *Bora varejo*,[34] e recebeu diversos prêmios, como o de Empreendedor Digital do Ano pela ABComm em 2018, e o ABC da Comunicação na categoria Mentes Brilhantes em 2019.

Alfredo também é o cofundador do programa de mentoria Gestão 4.0, que teve a Pegaki em sua primeira turma. O objetivo é auxiliar startups em suas jornadas para o exit ou para as demais formas de desenvolvimento, compartilhando as diversas lições de empreendedorismo que

---

[32] VTEX supera meta e levanta US$ 361 milhões em IPO nos EUA. **InfoMoney**, 21 jul. 2021, Disponível em: https://www.infomoney.com.br/mercados/vtex-supera-meta-e-levanta-us-361-milhoes-em-ipo-nos-eua/. Acesso em: 3 ago. 2021.

[33] SOARES, A. **Bora vender**: a melhor estratégia é atitude. São Paulo: Gente, 2019.

[34] SOARES, A. **Bora varejo**: Como a cultura de transformação digital ajudou as empresas a enfrentarem a maior crise do século. São Paulo: Gente, 2020.

ele aprendeu na marra. "Alguns pontos em comum são meio óbvios e clichês, mas estão sempre presentes: domínio total sobre o problema, determinação e resiliência dos fundadores, ter capacidade de contratar e reter talentos, ter processos eficientes no lugar de burocracia de controle, e uma gestão por métricas muito presente", conta o profissional.

Para quem está em busca de uma saída, sua dica é "estar com suas expectativas pessoais e profissionais muito bem alinhadas, entender quais são as coisas que não está disposto a fazer de jeito nenhum. Por último, sempre tenha suas condições de saída muito bem definidas para ter confiança e não se sentir traído ou desvalorizado caso precise arremeter."

TIAGO VAILATI
fundador da Hiper, comprada pela Linx

"Me lembro que naquele dia, eu cheguei em casa, sentei na escada, baixei a cabeça e pensei: 'Velho, que merda que eu fiz... será que eu joguei fora a oportunidade da minha vida?'". Tiago Vailati se refere a uma manhã de abril de 2016, quando recebeu uma proposta de aquisição de uma empresa multinacional de tecnologia... e disse não. Ele e os seus sócios entendiam que o negócio valia mais do que a oferta. Poderia até valer, mas mesmo aquela oferta mudaria a vida de todos. Mas eles disseram não e Tiago se remoeu durante meses sobre sua decisão.

Em 2020, quatro anos depois, a gigante Linx fez uma proposta irrecusável: 50 milhões de reais. Aí eles disseram sim. A oferta era infinitamente maior. Ou seja, merda o Tiago e seus sócios não fizeram, muito pelo contrário, a decisão tinha sido correta. Mas poderia não ter sido, e a única chance teria passado. Portanto, se você entendeu que o correto é sempre dizer não para a primeira oferta, entendeu tudo errado.

O fato é que é preciso competência e estratégia para construir uma startup de sucesso. Mas para construir um exit de sucesso, sobretudo, é preciso estômago e frieza para disfarçar os arrepios na espinha ao lidar com o mundo das fusões e aquisições. As negociações vão no limite e as emoções também. O que deu certo para um, pode dar errado para outro. Depende de cada um.

Catarinense natural da cidade de Brusque, Santa Catarina, Tiago Vailati equilibra a autenticidade inerente ao empreendedor raiz com a cautela, paciência e assertividade do executivo, prerrogativa básica para as reuniões do mundo corporativo e dos fundos de investimento. "É muito importante saber entrar, saber sair e, obviamente, saber se controlar no meio do caminho, apesar das dificuldades", pondera. O jogo do empreendedorismo é duro e Vailati sabe que é preciso controle emocional e assertividade na conduta para manter as portas abertas e tomar decisões corretas. De alguma maneira, essa cultura permeou a Hiper desde o seu nascimento.

Tiago, Marinho Silva e Marcos Fischer, sócios da empresa, trabalharam juntos na Havan bem antes do seu fundador e presidente, Luciano Hang, ganhar os holofotes devido ao seu posicionamento político. "Decidimos fundar uma empresa, mas sabíamos que não poderíamos sair assim, de uma vez. O departamento de TI precisava da gente. Jogamos aberto com o Luciano e contamos que queríamos programar nossa saída para fundar a nossa empresa", diz Tiago.

Segundo ele, Luciano apoiou a ideia e a postura de todos. "Ele disse que entendia, que tinha feito o mesmo há anos. Então ele nos deu liberdade de horário para tocar nosso negócio enquanto formávamos nossos sucessores. Ninguém ficou na mão. Aprendi ali como as coisas devem ser feitas. Hoje, quando eu contrato pessoas para cargos de direção, [deixo claro que] elas devem saber das dores, das dificuldades, da pressão, e ainda assim, se precisarem e quiserem sair, devem fazer isso do jeito certo", detalha.

Foi assim que nasceu a Hiper, empresa de soluções de gestão na nuvem para micro e pequenos varejistas. Fundada em 2012 na pequena Brusque, o negócio começou com pouco mais de 20 mil reais de cada sócio. Em 2014, pintou um programa de aceleração pela ACE, na época chamada de Aceleratech. "Nossa tese com a ACE foi preparar a Hiper. Meu objetivo era fazer *network* em São Paulo, tomar café, fazer reunião, conhecer alguém que conhecia alguém, para então montar uma rede de conexões para apoiar o crescimento da Hiper e partir em busca da próxima rodada de investimento. A gente não conhecia ninguém, a verdade é essa", relembra. Mas o negócio de fato andou.

Em 2015, com o modelo mais azeitado e tracionando, durante o evento CASE, em São Paulo, pintou uma conexão com um contato do

M&A de uma grande empresa. "Trocamos cartões e falaram que iam me ligar. Não deu dez dias. Eu estava descendo [do voo] de São Paulo para Floripa quando tocou meu telefone. Era a secretária do responsável pelo M&A, querendo marcar um almoço. Nem olhei na agenda, marquei na hora", conta Vailati.

"Aí, no almoço, com um papel de guardanapo na mesa, ele começou a fazer algumas contas. Ele já tentou desenhar um racional, ali na mesa, sobre uma possível saída. Eu esperava uma conversa mais inicial, mas foi mais profunda. Naquela época eu não entendia nada de M&A, de *earn-out*. Aí sai daquilo atordoado, voltei para casa a milhão", relembra.

Desse almoço até a proposta final passaram cinco meses, quando em abril de 2016 Tiago e seus sócios recusaram a venda. "A gente recusou a proposta, já que havia outras na mesa. Foi o que nos pareceu mais interessante, captar investimento, crescer o negócio, ao invés de vender naquele momento. Mas aí estávamos atravessando o período do impeachment da Dilma, o mercado estava difícil", relembra o empreendedor.

No entanto, no final de setembro daquele mesmo ano, já no período pós-impeachment, uma boa nova: A Hiper recebeu um investimento de 4 milhões de reais em uma operação que envolveu o fundo CVentures Primus, gerido pela CVentures em conjunto com a CRP Companhia de Participações e a M3 Investimentos, organização de investimento de Marcel Malczewski, fundador da Bematech.

Com o investimento, a Hiper acelerou a expansão da base de clientes em todo o Brasil. E a estratégia deu certo. Do final de 2017 até o primeiro trimestre de 2019 – em apenas um ano e três meses –, a Hiper registrou um crescimento de 50% no volume de clientes, saltando de 10 mil para 15 mil clientes ativos, distribuídos em cerca de dois mil municípios do Brasil, com mais de seiscentos canais de distribuição.

Foi aí que pintou a proposta irrecusável de 50 milhões de reais da Linx. O pagamento foi combinado da seguinte forma: 17,7 milhões de reais à vista, mais 32,3 milhões de reias entre 2019 e 2021, condicionados ao cumprimento de metas. "No caso da aquisição da Hiper, o fantástico é que nossa autonomia foi preservada. A Linx decidiu não nos incorporar, mas manter a marca, nos dar autonomia, e nos posicionar como a empresa do grupo para o pequeno negócio. Eu acho que esse modelo mantém o empreendedor dentro de mim vivo", diz.

Em novembro de 2020, a Linx, já uma empresa de capital aberto, foi vendida para a Stone, já um unicórnio brasileiro, por 6,7 bilhões de reias. Na prática, o case do Tiago é mais um em que a saída antecipada foi o caminho ideal para que o empreendedor viesse a fazer parte de algo muito maior.

ALLAN PANOSSIAN KAJIMOTO
fundador da Delivery Direto, comprada pela Locaweb

No filme *A Rede Social*,[35] que conta a história da fundação do Facebook, há um trecho que destaca o conflito entre Mark Zuckerberg e Eduardo Saverin sobre as possíveis formas de rentabilização do negócio. O brasileiro quer abrir para possíveis anunciantes, enquanto Zuckerberg acha que a plataforma é forte justamente por não contar com anúncios àquela altura. Mas o problema era real: o negócio não rentabilizava até ali.

Criar um negócio que encanta milhões de pessoas, que engaja, mas que não gera dinheiro não foi um problema exclusivamente do Facebook. Há muitos casos de negócios revolucionários que ainda dão prejuízo. Lembre-se que falamos da Uber, um exemplo forte e atual. Mas existem vários outros.

Consideradas as devidas proporções, a Kekanto fez barulho parecido no mercado brasileiro na última década. Fundada em 2010 por Allan Panossian e dois amigos da faculdade, a startup é um guia on-line de lugares e serviços alimentado pelas opiniões de consumidores. O negócio deu certo e logo cedo passou a contar com investimentos dos grupos A5 Capital Partners, Kaszek Ventures e Accel Partners. Já seria relevante hoje, com o mercado de aportes extremamente aquecido. Na época, foi um acontecimento.

E o negócio cresceu, ganhou clientes, admiradores e prestígio. Mas, dinheiro que é bom, nada. Não rendia. Ao longo de seis anos, a Kekanto foi buscando meios e maneiras de fazer o negócio capitalizar. Até que eles acharam um caminho: um outro negócio. "Na Kekanto, haviam vários segmentos plugados, dentre eles, restaurantes. Uma das dores

---

35 A REDE social. Direção: David Fincher. EUA: Relativity Media, 2010. Vídeo (121 min). Disponível em: www.netflix.com.br. Acesso em: 8 ago. 2021.

desse setor era a comissão de *marketplaces* como o iFood, por exemplo. Segundo os restaurantes, 70% dos pedidos que vinham dessas ferramentas eram recorrentes, ou seja, [de gente] pedindo pela quinta vez e ainda assim eles pagavam comissão a cada compra. Eles pagavam por clientes que já eram deles. Aí veio a hipótese de criar um aplicativo direto do restaurante. Foi aí que nasceu a Delivery Direto.", explica o cofundador da Kekanto e da Delivery Direto, Allan Panossian.

Com o passar dos anos, a startup evoluiu e se tornou uma espécie de *one stop shopping* para os restaurantes. "O negócio se tornou uma solução completa de delivery e gestão. Além da entrega, o software oferece sistemas de cupons, CRM e canal de comunicação, permitindo a gestão completa de relacionamento com os clientes, diferentemente dos apps de *marketplaces* tradicionais. Tudo isso sem pagar comissões. Aliás, o Delivery Direto também permite a integração com esses apps", detalha Allan.

De acordo com o empreendedor, o negócio rapidamente cresceu e alcançou o *break even*. Ao contrário do modelo anterior, a Delivery Direto não teve nenhum problema para monetizar. "Toda a estrutura, todo o time da Kekanto, pivotou junto para o Delivery Direto. Então, demorou seis anos para a gente encontrar o modelo, mas quando encontramos, tínhamos um time, uma cultura, processos estabelecidos. Aí o negócio escalou".

Um ponto curioso dessa jornada é que todo o *captable*, ou seja, a estrutura da participação da empresa, era da Kekanto e também migrou para o Delivery Direto. "Tínhamos investidores que aportaram na Kekanto, não na Delivery Direto. Eles compraram a ideia da pivotagem, mas era outro negócio. Além disso, os demais fundadores saíram da empresa. Então, o *captable*, naquele momento, se tornou um desafio", conta.

Ao longo dos anos, a startup só crescia. Com um modelo de negócio quente, grandes players interessados na solução e investidores interessados em realizar lucro, entendeu-se que uma saída seria a melhor alternativa para todos. Segundo Panossian, um fundo tinha investido em 2010, de modo que o prazo para retornos estava se tornando curto, àquela altura. "Estávamos quase no limite de dez anos, era o momento de pavimentar a saída. Além disso, o exit seria uma forma de passar uma régua e adequar o *captable* na empresa. Então, em dezembro de 2018, levantamos a bandeira e fomos para o mercado".

A partir desse momento, a Delivery Direto começou a buscar propostas para fusões e aquisições. Panossian conta que todo o processo de seleção e análise do melhor parceiro para a concretização do M&A foi dividido com o time. Segundo o empreendedor, havia um triângulo ideal, composto pelos vértices proposta financeira, sinergia de business e vida do time no pós- M&A.

"Tínhamos três propostas na mesa. Não havia nenhuma significativamente diferente quando o assunto era dinheiro. O quesito sinergia começou a estabelecer uma diferença entre elas, mas o fator de decisão foi a vida do time no pós-M&A. Em nossa opinião, a Locaweb tinha disparado a melhor abordagem. E isso pesou muito, porque temos diversas pessoas no time trabalhando conosco desde 2010, da época do Kekanto. Em um processo de fusão, não é incomum notar as pessoas tristes no final e, com o tempo, os talentos se perdem. E isso não aconteceu conosco", explica Allan.

O *deal* entre Delivery Direto e Locaweb levou o período equivalente a uma gestação: nove meses, certinho. "A cada visita na Locaweb, a gente ficava mais confortável. Desde a observação de como as pessoas se comportavam lá dentro, do estilo delas, até o posicionamento dos tomadores de decisão na negociação. Em nenhum momento nós pensamos que poderíamos estar tomando a decisão errada, pelo contrário. A ideia de que aquela era a decisão certa foi ficando cada vez mais concreta".

Em setembro de 2019, a Locaweb anunciou a aquisição da Delivery Direto. Os valores da transação são mantidos sob sigilo. Na época, a empresa já contava com mais de 1,2 mil clientes e Panossian permaneceu à frente da operação com total autonomia, mantendo os colaboradores e o escritório. A Delivery Direto também passou a ter acesso a outras soluções da Locaweb e de suas empresas do portfólio, de modo que foi possível acelerar o desenvolvimento do seu próprio negócio. Por sua vez, toda a tecnologia desenvolvida pelo Delivery Direto também pode ser utilizada para complementar e desenvolver os serviços já oferecidos pelas outras empresas.

"Havia um compromisso legítimo deles em deixar o negócio rodando e deu para perceber que era verdade, como de fato se comprovou. Uma coisa que observei e que pode servir de dica é: avalie a postura por parte do adquirente. O quanto ele te espreme, o quanto ele cede, a forma como as coisas acontecem diz muito sobre a postura e a verdadeira intenção. O processo da negociação é uma excelente oportunidade para você identificar o adquirente. O processo tem que ser mais construtivo e menos impositivo".

ALEXANDRE MESSINA
fundador da Pedala, comprada pela Ame

"Nós tínhamos uma empresa de *last mile* (última milha) sustentável, fazendo entregas de pacotes de e-commerce com ciclistas, e a B2W era uma das nossas maiores clientes na época. Começamos pequenos com eles, entregando em apenas uma região, mas como estávamos entregando com qualidade, de forma sustentável e a um preço competitivo, já que com bicicleta tínhamos menos custos que motos ou carros, a parceria foi crescendo bastante, a ponto de o exit ter se concretizado de maneira muito natural", conta Alexandre Messina, um dos fundadores da Pedala, startup carioca adquirida pela Ame, *fintech* do grupo B2W, em 2019.

Fundada em 2015 por Messina e Vinicius da Justa, a Pedala nasceu com a proposta de viabilizar entregas no mesmo dia ou no máximo no dia seguinte, mas preservando o ambiente. Por isso, a bike foi o modal escolhido. O negócio começou com o aporte dos próprios donos: 20 mil reais cada e eles mesmo realizaram as primeiras viagens. Acelerada pela NESsT e incentivada por um investimento da Bossanova, com o passar do tempo, criou-se uma rede de ciclistas para realizar encomendas de todo o tipo. Mas, para crescer, inevitavelmente tiveram que fazer algumas adaptações.

"Quando as coisas não davam certo, o caminho sempre era o de pivotar até chegar a uma forma que desse certo. Foi assim quando mudamos o foco de documentos e restaurantes para entregar só para e-commerces. Perdemos quase 50% de receita de uma hora para outra, mas, no médio prazo, fez muito sentido. Mudar o regime de contratação de CLT para MEI também foi uma decisão coerente. As mudanças sempre doem muito na hora, mas são extremamente necessárias para sobreviver no longo prazo".

Em 2018, já em fase de escala, o negócio faturou 1,6 milhão de reais e começou a atrair o olhar de grandes players. Messina conta que sempre viu a possibilidade de um exit com bons olhos justamente pelo perfil do negócio e pela possibilidade de ganho de escala.

"No negócio de logística, para causar um impacto relevante e conseguir gerar mais valor monetário, é necessário um grande volume de entregas. E isso acontece com qualquer tipo de serviço que não tem muito valor agregado. No nosso caso, levar produtos de um ponto A para um ponto B não exige uma alta barreira de entrada e, portanto, nossa margem era apertada. Assim, a única forma de crescermos bastante e conseguir causar um impacto grande, seria através de um parceiro, com muitas entregas. Logo, fazia mais sentido unir forças do que continuar buscando crescer de pouco em pouco com muitos pequenos clientes", diz.

A aquisição pela B2W foi anunciada pela imprensa em dezembro de 2019. Apesar da naturalidade da relação com a empresa adquirente descrita no início do texto, o empreendedor conta que conciliar a rotina de trabalho com as demandas práticas inerentes a uma aquisição não foi uma tarefa das mais fáceis.

"O processo de M&A foi muito intenso, principalmente porque ocorreu bem na época anterior à Black Friday. Então, estávamos trabalhando de doze a catorze horas por dia para conseguir entregar tudo de forma bem feita, tanto as encomendas quanto todos os documentos pedidos. Uma coisa que nos ajudou bastante foi que, desde o começo, fizemos questão de deixar toda a organização financeira muito bem documentada, o que facilitou bastante o processo de diligência", esclarece Messina.

Deal realizado, a realidade do pós-venda se apresenta. Para Alexandre, no dia a dia, o cliente passou a ser outro. "Enquanto como Pedala nós tínhamos que ir atrás de novos clientes para a empresa crescer, dentro da B2W nós temos que ir atrás de novas áreas para entregar, dado que temos volume em praticamente todo o Brasil. Assim, o desafio mudou. Além disso, passamos a incorporar muitas metodologias de gestão do grupo, que são importantes para grandes times. Como resultado, quadruplicamos o número de entregas do ano de 2019 para o de 2020, o que foi muito bacana de acompanhar".

Para o executivo, é preciso entender os prós e contras de se estar em uma grande empresa, de modo a fazer com que essa nova realidade seja positiva para o negócio. "Algo que se percebe de cara é que a velocidade das entregas e interações não são as mesmas, o que é um fato razoável, dado que o impacto causado por um eventual erro em uma grande empresa é muito maior do que em uma startup. Por essa razão, elas acabam sendo mais avessas ao risco e só lançam coisas novas ao mercado quando têm certeza de que vai dar certo. Se de um lado essa velocidade mais lenta causa uma certa frustração, do outro, quando a decisão é implementada, é muito legal ver o impacto que se causa e ver que realmente faz diferença na vida de muitas pessoas. Logo, é uma outra forma de trabalhar", pondera.

Nesse sentido, Alexandre recomenda que o empreendedor busque seus caminhos dentro da empresa compradora para continuar sua jornada de inovação. "Acredito que seja interessante procurar algo para intraempreender dentro da companhia, que foi o que fiz. Enxerguei uma dor interna, propus uma solução, criei uma nova área e hoje toco o departamento e a sua expansão (no caso, a área de Inovação Aberta). Pelo fato de termos chegado como empreendedores, tivemos muita aceitação das nossas novas ideias, e isso é uma coisa superimportante de ser aproveitada, tanto pela empresa quanto pelo empreendedor".

Segundo o fundador da Pedala, a tendência natural é de um *boom* cada vez maior de fusões e aquisições de startups. Isso porque, para Alexandre, as grandes empresas normalmente possuem desafios muito complexos para resolver relacionados ao seu *core business* (foco principal) e, portanto, fica difícil interromper as ações do dia a dia para começar a tentar fazer algo novo, seja um processo, seja um produto ou um serviço.

"É exatamente aí que mora a oportunidade para startups. Quando elas começam a oferecer um produto ou serviço diferente daquele que é o *core business* das grandes empresas e gerando um valor sustentável no dia a dia (monetário, NPS, *Product Market Fit* etc.), se esse produto ou serviço puder ser alavancado ainda mais, faz sentido para a grande empresa investir ou comprar. Com a Pedala foi exatamente assim. Estávamos entregando uma solução rápida, econômica e sustentável ao fazer entregas de bicicleta. Quando viram que nossa solução era boa e estava crescendo, resolveram apostar na compra da companhia", finaliza o empreendedor.

THIAGO LIMA
fundador da LinkiApi, comprada pela Semantix

"Eu acho que M&A é um jogo de paciência, você tem que ter calma e ser 100% racional. Trata-se de uma operação de risco, e por mais que você consiga mitigar isso, não anula os riscos 100%. Em alguma escala, você deve assumi-lo. Mas deve checar todos os detalhes para reduzi--los ao máximo que conseguir. Um escritório especializado custa caro, mas resolve. É uma operação que pode mudar sua vida para melhor ou torná-la um verdadeiro inferno. Por isso que eu digo: é mais fácil vender quando você não está à venda, você fica mais racional".

A frase é de Thiago Lima, fundador da LinkApi, cuja solução oferece uma plataforma que gerencia APIs e integrações. API significa *Application Programming Interface,* uma interface de programação de aplicação. Em uma explicação rasa, caso um programador queira criar um aplicativo de fotos para um smartphone, ele poderá ter acesso à câmera do celular por meio da API do sistema operacional, sem precisar criar uma nova interface dessa mesma câmera totalmente do zero.

Fundada em 2017, a LinkApi teve uma ascensão muito rápida em um curtíssimo espaço de tempo. Em 2020, já atendia cerca de 150 clientes em quinze países, com 5 bilhões de integrações mensais, um crescimento de 10% ao mês. Nada mal para uma startup. O sucesso da empresa começou a atrair grandes players do mercado e fundos de investimento.

"Já havíamos realizado uma rodada de investimento, e havia um *pipe* (uma fila) acumulado de possíveis interessados tanto em investir como em realizar aquisições. Tínhamos exatamente doze propostas na mesa. Contratamos um escritório especializado para nos ajudar a validar cada uma delas. Foi um processo muito trabalhoso, mas estávamos numa posição confortável para negociar, a empresa estava bem e haviam ofertas", conta Thiago.

De todas as propostas, quem levou a melhor foi a Semantix. A desenvolvedora de plataforma de dados com foco em Big Data e IoT (inteligência artificial) anunciou a aquisição da LinkApi em fevereiro de 2021. O valor da transação foi cerca de 100 milhões de reais, a maior da história da Semantix. Segundo a própria empresa, o objetivo agora é viabilizar a expansão da companhia internacionalmente e aumentar o portfólio.

"O que pegou a gente foi a proposta de valor. A Semantix foi a única que nos colocou na condição de protagonista no pós-venda. Em todas as outras eu senti que nós perderíamos autonomia, que haveria uma hierarquia ali. Além disso, nós tínhamos uma meta de alcançar o IPO em 2026 ou 27, enquanto a Semantix já planeja para 22 ou 23. Também nos foi oferecida a entrada já no time de C-Level deles. Foi uma proposta muito boa, e eles nos entregaram isso mesmo. E detalhe, das doze que tínhamos na mesa, foi a única que o nosso escritório de M&A trouxe. Foi um tiro de sniper", conta Thiago, que mantém a posição de CEO na LinkApi, mas também assumiu o posto de CTO (Diretor de Tecnologia) da Semantix.

Perguntado sobre como lidar com a quantidade de propostas, Thiago acredita que esse é o melhor cenário para uma fusão e aquisição. "Você tem que ouvir outras empresas, até para entender como as pessoas negociam. Se não fica à mercê das regras de uma pessoa só e entra na negociação vendido. Foi mais fácil escolher a Semantix frente a uma vasta concorrência. Não ficou mais confuso, pelo contrário, ficou mais simples", pontua.

Apesar do final feliz e de uma rotina promissora no pós-venda, o especialista afirma que teve problemas com um fundo de investimento no momento da saída. "Nós tínhamos fechado nossa rodada de investimento lá atrás, mas esse fundo insistiu muito para entrar, prometendo agregar. Não agregou e nos causou problemas no final", revela.

"Eles foram bem burocráticos para aceitar os trâmites do acordo, não queriam o negócio. E é curioso, porque nós entregávamos lucros seguidos, multiplicando o dinheiro deles, mas ficou a impressão de que tanto fazia, de que nosso lucro era para tampar buraco de outras empresas da carteira deles que davam prejuízo. Se vale uma dica, tenha cuidado com quem você põe dentro do negócio. Você pode perder uma oportunidade por alguém que não agregou nada, quase aconteceu isso [com a LinkApi]. Mas, no fim das contas, essa postura dos caras só nos mostrou que o exit era o caminho certo", finaliza.

EVILÁSIO GARCIA
fundador da AgileProcess, comprada pela Intelipost

Sabe aquela história de fazer o que ama e ir até o final com uma ideia fixa na cabeça? Bem, definitivamente, não foi essa estratégia que deu certo para o fundador da AgileProcess, Evilásio Garcia. "O limite entre a persistência e a teimosia é um fio de cabelo", conta o catarinense, bem-humorado.

Evilásio relembra que a AgileProcess nasceu em 1o de janeiro de 2014, fechou seu primeiro contrato no dia 8 e no dia 16 entrou no processo de incubação, foi tudo muito rápido. Segundo ele, a empresa nasceu para fazer plataformas BPM e gestão de processos *mobile*, mas pintou um desafio diferente. "Era um grande cliente que fazia transporte de documentação bancária. A empresa atendia mais de 130 mil agências e tinha mais de 180 centros de distribuição espalhados pelo Brasil inteiro. Como eu sempre trabalhei com programação, achei que ia ser fácil resolver esse problema", afirma.

Porém, a realidade do negócio se mostrou bastante diferente. "Na prática, tínhamos que criar um roteirizador. E foram os três meses mais intensos da minha vida. Era um negócio muito mais complexo do que eu imaginava, fiz alguns turnos de setenta e duas horas seguidas, um horror. Estava exaustos e decidi nunca mais fazer aquilo novamente. Mas missão dada é missão cumprida e, entregamos o tal roteirizador. O cliente ficou feliz da vida e fomos muito bem pagos", revela.

Assim que acabou, Evilásio decidiu voltar ao processo inicial e realizar seu sonho de empreender no mercado de gestão e plataformas BPM. "Só que aí, meu amigo, quando fui atrás dos clientes, a cada dez ligações que eu fazia, eram dez nãos. Ninguém queria (ou entendia o que era) aquele negócio, só eu", relembra. Foi aí que o empreendedor começou a perceber que o caminho poderia não ser exatamente aquele. "Eu tinha sócios-investidores desde o começo, gente que eu confio muito. Pessoas pelas quais sou muito grato. E eles diziam 'Evilásio, você deveria voltar para o modelo de roteirizador, os caras bateram na sua porta, aquilo é que dá dinheiro'. Mas só de pensar na complexidade do problema, me dava arrepio".

Mesmo assim, diante da realidade dos fatos, Evilásio cedeu e passou a oferecer o modelo de roteirizador. "Aí, de cada dez ligações que eu fazia, eu agendava dez visitas comerciais e fechava seis negócios. Foi um sucesso retumbante logo de cara. E vi que houve aceitação, ficou muito mais claro que era uma coisa boa. E o ofício em si, que na primeira oportunidade foi um uma experiência desafiadora, passou a ser empolgante".

Mesmo com a empresa no rumo certo, o trabalho não diminuiu. "Fiz umas duzentas visitas físicas de carro em três meses. E aí, a cada visita que fazia, eu entendia melhor do problema. Meu *pitch* foi ficando cada vez melhor, fui trabalhando nas objeções, uma a uma. Aí então, começaram a sair vendas, eu um negócio, parava, caia no código junto do time para entregar os produtos. Ficava nessa por uns seis meses. Depois ia para rua de novo vender. E sempre vendia, era impressionante", relembra.

Já no meio de 2018, com o negócio mais estruturado e com uma equipe de vendas operando, a AgileProcess fechou um negócio com a Eu Entrego, plataforma que conecta varejistas a uma rede de entregadores autônomos. "Eu amo o conceito de *crowdshipping*, modelo que permite que empresas ou pessoas comuns realizem a entrega, a pé, de carro, de bicicleta, à sua maneira. E até aquele momento a AgileProcess estava atendendo mais clientes no food service e transporte. Agora, entrávamos no mercado de e-commerce".

Foi nessa época que Evilásio foi apresentado ao Stefan Rehm, fundador da Intelipost. "Ele era próximo do pessoal da Eu Entrego, começamos a conversar e percebemos que tínhamos visões em comum, mas naquele momento foi só". No entanto, no começo de 2020, a AgileProcess começou a buscar capital no mercado para uma expansão e, nesse momento, as conversas com a Intelipost começaram a avançar. "Já no final de 2019, nós sentamos para conversar, um papo leve, no bar, tomando cerveja. Percebemos que tínhamos sinergia, que olhávamos para o mesmo lugar, havia uma sintonia. Mas nenhuma proposta pintou ali, então toquei o barco", conta.

No desenrolar de 2020, mesmo em meio à pandemia, as conversas avançaram. "Demorou um pouco até que eu recebesse um número, uma proposta. Mas quando ela veio, fez sentido. Eu tive que conversar com todos os meus sócios-investidores ali, porque também era um evento de saída para eles. Tinha que ser um acordo bom para todos, isso era muito importante para mim. E assim foi".

No dia 8 de dezembro de 2020, a Intelipost anunciou conjuntamente o aporte de 130 milhões da Riverwood Capital, empresa de private equity que investe em empresas com alto crescimento, em especial as do setor de tecnologia; e a fusão da AgileProcess. "A junção das duas empresas representa uma nova fase para a evolução da logística no Brasil, formando uma grande potência para ajudar os varejistas e as transportadoras com tecnologias eficientes e que agregam mais velocidade e redução de custos. A equipe AgileProcess e seu CEO continuarão a trabalhar fortemente nos produtos da empresa e agora contam com o suporte e a estrutura da Intelipost" dizia o comunicado à imprensa.[36]

Sobre o processo de fusão e aquisição, Evilásio relembra que o pior momento foi o da assinatura do contrato. "Cara, eu dediquei boa parte da minha vida para construir essa empresa, então tremi na hora

---

36 BRANDÃO, R. Após aporte de R$ 130 milhões, startup Intelipost se une a AgileProcess. **Valor**, São Paulo, 8 dez. 2020. Disponível em: https://valor.globo.com/empresas/noticia/2020/12/08/aps-aporte-de-r-130-milhes-startup-intelipost-se-une-a-agileprocess.ghtml. Acesso em 9 ago. 2021.

de assinar, claro. Eu sempre brinco que se tivesse acontecido alguma coisa, se alguém tivesse esquecido a caneta, eu não teria assinado. Me permiti ficar triste um fim de semana, curtir uma ressaca emocional mesmo, por incrível que pareça, porque é uma decisão difícil. Agora que as coisas estão indo bem, sei que tomei a decisão certa. Mas antes, por mais que se cerque de cuidados, você não sabe. Não é simples assumir riscos quando tudo que você tem está em jogo", completa.

PATRICK ROCHA
fundador da dLieve, comprada pela VTEX

"Se você é apaixonado pela sua empresa, terá pressa em fazer as coisas acontecerem custe o que custar, e isso pode trazer consequências negativas. Mas, se ama sua empresa, você encontrará paciência e muito provavelmente suas decisões serão mais equilibradas. Faça essa comparação com pessoas pelas quais você foi apaixonado ou que você ama. Veja que sua tomada de decisão é totalmente diferente".

A analogia é romântica, mas é sustentada por doses cavalares de pragmatismo. Patrick Rocha, fundador da dLieve, startup de solução logística adquirida pela plataforma VTEX em 2020, entende que é preciso ser bastante racional para construir e viabilizar um processo de saída bem estruturado. "Se eu puder deixar uma dica a outros fundadores que buscam uma rodada de investimento ou mesmo o exit, é esta: estejam preparados sempre para uma *due diligence*, isso é crucial e pode matar a negociação. Sempre fui muito sistemático em ter todas as documentações, relatórios e indicadores disponíveis. Quando a oportunidade chegou, nós tínhamos tudo pronto e nosso *deal* foi super rápido por esse motivo. Isso passa muita confiança para quem está do outro lado da mesa negociando com você", afirma.

Segundo Patrick, o contato com a VTEX começou por meio de uma experiência de uma profissional da empresa com a tecnologia da startup. "No começo de 2019, uma executiva da VTEX entrou em contato comigo via LinkedIn. Ela havia feito uma compra em um e-commerce que também era VTEX e teve uma experiência de *tracking* de entrega incrível, com previsão de horário e mapa do motorista em tempo real, algo comum para aplicativos de entrega, mas difícil de se ver em entregas normais de e-commerce, e queria conhecer mais sobre a dLieve para tentarmos uma parceria", relembra.

A sinergia entre as partes foi tanta que a conversa evoluiu muito rapidamente. "A VTEX sempre foi uma referência para nós e para o mercado, então a parceria era muito bem-vinda, claro, mas nunca havíamos abordado algo entre as partes. Quando apresentamos o que tínhamos de produto e nossos clientes, verificamos que tínhamos muito em comum e o cenário mudou de parceria para aquisição. Foi tudo muito rápido. Meses depois estávamos com o *deal* assinado", conta.

Para o empreendedor, a decisão da venda se deu pelos horizontes possíveis no cenário pós-venda. "A oportunidade de se juntar a uma companhia com abrangência global foi um divisor de águas. Além disso, teríamos acesso a uma base de clientes imensamente maior que a nossa, o que escalaria nossas vendas. Um outro ponto importante era a capacidade de engenharia e tecnologia que seria somada, pois todos sabemos o quanto é difícil atrair essa mão de obra tão escassa no Brasil".

Na fase pós-aquisição, a marca dLieve se tornou VTEX Tracking, mas, segundo Patrick, a autonomia segue total. "A cultura VTEX é incrível, Geraldo e Mariano, fundadores da empresa, são dois gênios e deixam que o clima seja construído pelo time. Um dos pilares da empresa é *Trust to be trusted* [algo como confiar para ser confiável]. No primeiro dia, a liberdade que eu tinha já era enorme, parecia que me conheciam há muito tempo, foi difícil de acreditar como já me davam aquela liberdade, mas isso fez parte do processo de aquisição. Além do produto e dos números da empresa, eles avaliam também as pessoas, e essas são o elo mais importante da cultura VTEX. Aqui enxergo inúmeras oportunidades de criação de novos produtos para atender os nossos lojistas e e-commerces. Eu posso continuar com o intraempreendedorismo na veia", conclui Rocha.

MARCELA GRAZIANO
fundadora da Smarket, vendida para a Neogrid

"Eu vendi a empresa porque essa estratégia se alinhava aos meus objetivos pessoais. Eu não queria um barco, um avião, nada demais. Queria um dinheiro legal pra eu viver tranquila, cuidar do meu filho, da minha família, e trabalhar a partir dali em melhores condições. A correria de uma startup é muita loucura, não sei quanto tempo mais estaria disposta e nem se daria certo, porque tudo muda muito rápido. Eu também sempre soube que queria vender para a Neogrid, era um lugar onde eu gostaria de estar, com pessoas que eu gostaria de trabalhar, a gente tinha tudo a ver. Quando tudo bateu, vendi".

De certo que a simplicidade e a objetividade de Marcela Graziano foram determinantes para o sucesso da Smarket, plataforma catarinense de gestão de promoções para supermercados, farmácias e redes de eletro, vendida para a gigante brasileira de software para gestão de *supply chain* Neogrid. Anunciado em março de 2021, o acordo de aquisição foi de 17 milhões de reais, com 8,5 milhões de reais no fechamento da operação e outra parcela após um ano.

Mas, para chegar até esse objetivo, Marcela precisou de muitas outras habilidades. A primeira delas foi a perspicácia para observar um *gap* escalável. A administradora tinha uma empresa de consultoria de marketing e um de seus clientes era um supermercado. Só que ela percebeu que havia um problema envolvendo a operação de promoções.

"Sabe quando você vai no mercado e tem aqueles folhetos enormes com várias promoções? Aí, tá lá, por exemplo, uma lata de Nescau, de R$ 5,99 por R$ 4,99. Só que é muito comum o cliente passar no caixa e o preço ainda estar R$ 5,99. Ou então o produto acaba muito rápido na gôndola e não deu tempo de repor, ninguém alinhou com o fornecedor, e o ponto perde venda. E essa diferença de 1 real, geralmente é o fornecedor que paga, porque ele vai vender em escala. Mas a operação disso também era analógica, há problemas aqui também. Agora, imagina isso em grande escala, envolvendo centenas de produtos, de diferentes categorias, de diferentes fornecedores, cada um tem um comportamento de venda, um prazo de validade, necessidades diferentes de reposição de estoque. Como manter a comunicação e o fluxo entre todos os agentes da cadeia quando o assunto é promoção? E é isso que a Smarket faz", detalha.

Uma declaração de David Abuhab, CSO da Neogrid, em comunicado à imprensa na época da aquisição, dá o tom do tamanho do problema que a Smarket é capaz de resolver. "A solução da Smarket atua em um processo de muita relevância do mercado varejista brasileiro, o promocional, que impacta a cadeia de abastecimento. Mais de 40% dos produtos disponíveis para venda no varejo alimentar, por exemplo, são itens em oferta. A soma das duas empresas vai potencializar as estratégias do varejo", declarou.

No entanto, da observação do problema, lá em 2013, até a construção e crescimento de uma solução capaz de resolvê-lo, foi necessário um trabalho fortíssimo. E aqui entra mais uma das capacidades que Mariana teve que ter: resiliência. "O longo processo de conversão do cliente, de implementação da solução e de retenção de profissionais de tecnologia são frentes bastante trabalhosas no nosso *core business*. E uma está ligada à outra", comenta.

De acordo com a empreendedora, a negociação e a implementação são demoradas dada a complexidade do problema. "Estamos falando de questões estruturais, então por mais que o cliente saiba do problema e identifique na Smarket uma saída relevante, o processo de integração é complexo. Resumidamente, a gente tem que integrar um software no ERP (*Enterprise Resource Planning* ou sistema de gestão integrado), que é o sistema que monitora as atividades internas da empresa. Aí, o nosso sistema tem que conversar com o sistema deles para fazer a gestão dessas promoções. É tecnicamente difícil fazer isso", explica.

Por essa razão, a Smarket sempre demandou profissionais de tecnologia de alta performance, o que é outro grande desafio. "São profissionais naturalmente caros, disputados pelo mercado, o que invariavelmente gera rotatividade. E isso só se agravou ano a ano. Eu tive grandes dificuldades com rotatividade inclusive no meu período de gravidez e licença maternidade. Foi bastante cansativo".

Mesmo com todas as dificuldades, a startup se fortaleceu ano a ano e, em 2020, cresceu 33%, chegando a uma carteira de 68 clientes e uma receita anual recorrente de 4,6 milhões de reais. Foi nesse ano que as conversas para um possível exit foram ganhando corpo. De acordo com Marcela, a Neogrid já havia feito um aporte inicial, no começo da jornada da Smarket, e, naquele momento, começava a entender que a aquisição faria sentido.

"A questão é que foi um ano turbulento. Em março estourou a crise da covid no Brasil, depois as empresas ficaram paradas um tempo e, para o final do ano, a Neogrid abriu capital na bolsa. A gente foi conversando durante esse tempo, claro que fiquei ansiosa, mas eles sempre me diziam que fazia sentido. Aí veio 2021, as conversas avançaram e a aquisição aconteceu", conta.

Segundo a empreendedora, a negociação em si foi bastante tranquila, porque as empresas já se conheciam bem. "Eu não precisava vender, mas queria vender para realizar meus objetivos. Só que eu queria que fosse para a Neogrid por causa da cultura deles, do negócio. Essa visão de disponibilizar produtos ao mesmo tempo que reduz excesso é exatamente o que eu penso. Eu me senti valorizada nos termos também, então tudo correu bem", relembra.

Um ponto interessante, no entanto, foi a possibilidade aventada de não vender, mas de realizar uma nova rodada e segurar o exit.

"Alguns investidores me disseram que a Smarket poderia chegar a um valution de 60 milhões de reais. Só que, para isso, teríamos de fazer uma rodada, ganhar gordura por mais 4 ou 5 anos, chegar a uma negociação que fizesse sentido para o fundo investidor e aí sim realizar o exit. O grande lance pra mim é que eles poderiam estar certos, mas tudo poderia mudar também, a tecnologia está mudando muito rápido, tudo está mudando muito rápido. Eu estava com um filho recém-nascido e sabia a loucura que seriam os próximos 5 anos. Por isso, vendi", diz.

Atualmente, a Smarket se mantém independente e Mariana segue trabalhando à frente do negócio. "Há um acordo de *ernout*, então há muito trabalho pela frente, mas é evidente que as condições são outras. Estou feliz, motivada e segura de que tomei a decisão mais acertada", afirma.

Tudo que é inovador, um dia, se torna padrão e, posteriormente, obsoleto.

CAPÍTULO 7
Saída antecipada – vale a pena?

A resposta

mais sensata para a pergunta que é título deste capítulo é: depende. No caso da Pegaki, na ponta do lápis e considerando todo o contexto, valeu e muito. Mas outros negócios, evidentemente, fizeram muito bem por esperar ganhar ainda mais tração e alcançar um valuation muito maior para, daí sim, buscar uma saída de sucesso. É preciso entender qual é o momento e o contexto do seu negócio.

Não tenho como objetivo dizer que um caminho é melhor ou pior do que o outro, quero apenas evidenciar os diferentes caminhos possíveis. Assim como fiz em meu livro *O que a escola não nos ensina*, no qual mostrei que não existe apenas um único ou melhor caminho para o desenvolvimento de habilidades e competências, neste livro, eu e o Eduardo trabalhamos para deixar claro para o leitor a importância de conhecer as opções para, aí sim, escolher a melhor alternativa para seu negócio e para sua realidade.

Resumidamente, a Pegaki foi uma das pioneiras no movimento de criar alternativa aos Correios no Brasil. Existiam startups em estágios mais avançados e mais capitalizadas, mas o nosso modelo sempre foi infinitamente mais escalável, porque não demanda uma estrutura nova para efetivamente realizar as entregas ou as coletas. Tudo acontece em pontos comerciais que já existem e que também são beneficiados pela operação.

Só que, no caminho entre a ideia e a execução, há uma longa distância a ser percorrida. Não foi simples estabelecer esse modelo no mercado por vários fatores: de um lado, convencer os dez primeiros comércios a se tornarem pontos Pegaki foi muito mais difícil do que convencer quinhentos quando já tínhamos mil pontos. Era tudo muito novo. De outro, convencer um grande e-commerce a acreditar que seríamos capazes de solucionar seu problema de entrega foi um desafio gigantesco. Isso só para citar alguns exemplos. Foram anos de trabalho árduo.

Se consolidarmos todas as abordagens, uma a uma, ao longo dos anos, percebe-se a formação de um trabalho muito grande de educação do mercado, o que envolveu e-commerces e transportadoras de diversos portes e o próprio consumidor, que desconfiava do processo e tinha medo de realizar uma compra em um e-commerce e retirá-la em uma ótica, por exemplo. O público final tinha receio de perder essa encomenda e assumir o prejuízo disso.

Alguns desses receios eram infundados e fáceis de resolver, mas alguns tinham mesmo uma razão de ser: problemas de entrega, de armazenamento, de segurança. E tínhamos também os desafios de descobrir os pontos que rodavam mais, aqueles mais ociosos e estabelecer as parcerias corretas. Corrigir essas questões demandou tecnologia, equipe altamente qualificada, relacionamento. Evidentemente, tudo isso custa tempo e dinheiro, mas esse investimento foi fundamental para conseguirmos fazer o negócio rodar do modo quase perfeito como está hoje.

Quando a nossa conta começou a efetivamente fechar e as operações funcionavam como deveriam, o mercado já tinha comprado a ideia de pontos de retirada e coleta, algumas redes começaram até a desenvolver soluções por conta própria. Realmente, é uma solução eficiente.

Só que essas empresas não tinham uma rede estabelecida como a Pegaki e não tinham a mesma expertise que nós, então ainda tropeçavam em alguns obstáculos que já havíamos superado. Mas até quando? O xis da questão é que elas tinham capital, o mercado já estava educado e a tendência para o nicho era de escala. Ou seja, se a Pegaki não se conectasse a um grande player que acelerasse sua expansão, ela poderia (e seria a tendência) ser superada rapidamente.

Soma-se a isso o fato de que já havíamos realizado algumas captações lá atrás. Tínhamos um bom *equity*, isto é, porcentagem da nossa empresa, mas não daria para esperar muito, não chegaríamos a ser um unicórnio, ao menos não sozinhos. Nessa altura do campeonato, para alcançar o valuation de um unicórnio, teríamos que estar com o modelo em franca expansão, a ponto de atrair rodadas de mais de 100 milhões. Mas a nossa história se desenvolveu bem mesmo assim. **Os negócios e concessões que fizemos estão profundamente relacionados ao contexto em que vivíamos.**

Decerto que a melhor estratégia para um empreendedor é valorizar ao máximo e buscar viabilizar o negócio com capital próprio ou com os retornos da própria startup, mas, muitas vezes, isso é impossível, por uma série de variáveis: complexidade para escalar o negócio, dificuldade para acessar capital, entre muitos outros. Desse modo, a saída antecipada foi, sim, uma saída de mestre e a melhor alternativa para nós naquele momento. E a própria evolução da Pegaki no pós-aquisição vem sendo uma prova disso.

É importante reforçar que uma das premissas deste livro é usar o exemplo da Pegaki a fim de quebrar o paradigma de que só os unicórnios compõem a revolução das startups brasileiras e que só eles valem a pena para os agentes envolvidos (empreendedores, investidores). Isso é uma coisa. Outra totalmente diferente é negar que se tornar um unicórnio seja um feito absolutamente incrível, até porque esse seria um argumento estúpido ou, na melhor das hipóteses, uma inveja enrustida.

É óbvio que um empreendedor quer criar o maior e mais rentável negócio. A questão é que existem muitas opções à mesa – todas muito usuais no dia a dia –, mas que acabam pouco debatidas. A saída antecipada é uma delas. Inclusive, esse movimento de fusão pode permitir que surja um novo unicórnio em um período mais curto. Alfredo Soares e Patrick Rocha são dois empreendedores que viveram exatamente essa experiência. Soares vendeu a XTech lá atrás por 14 milhões de reais para a VTEX, e se tornou vice-presidente institucional da companhia. Rocha também vendeu sua startup, a dLieve, que se transformou em VTEX Tracking após a aquisição, e segue como vice-presidente da empresa.

Pois bem, em julho de 2021, a VTEX fez seu IPO na bolsa de Nova York, com um valuation superior a 3,2 bilhões de dólares, e levantou nada menos que 361 milhões de dólares em sua estreia. Alfredo Soares e Patrick Rocha participaram disso. São dois casos de saídas antecipadas que permitiram que os empreendedores se tornassem sócios de uma empresa que se transformou em um unicórnio e abriu capital na principal bolsa de valores do mundo. Não existe o conflito entre saída antecipada e unicórnio. O ponto é que a venda da startup pode vir a ser o caminho para que o empreendedor alcance esse objetivo. (Os cases completos da XTech e da dLieve foram vistos anteriormente, no capítulo bônus "Eles também realizaram uma saída de mestre").

A Intelipost, por exemplo, já acumula 130 milhões de reais em captações e iniciou um processo de aquisições, incluindo a da Pegaki. Ela ainda não é um unicórnio, mas pode vir a ser, e certamente, nós poderemos fazer parte disso. Ou seja, por consequência, quem vende sua startup para players como esses, além de ter uma saída antecipada, tem a possibilidade de fazer parte de algo com muito potencial. **Antigamente, apenas as grandes e tradicionais empresas faziam aquisições, mas a realidade agora é diferente.**

Para entender melhor essa história, é preciso analisar um pouco mais o mercado de fusões e aquisições envolvendo startups.

As alternativas

Um mercado financeiro saudável é composto por empresas e startups de diversos portes e em diversos estágios de desenvolvimento, cada uma em seu caminho de acesso à sua faixa de capital estabelecido: aceleração, *seed*, séries de investimento (A, B, C... chegam até G hoje em dia), oferta pública ou IPO, e por aí vai. Essa foi uma montagem de linha de investimento grosseira, existem dezenas de variáveis aí, mas o mais básico racional é esse.

Nos países mais desenvolvidos, como Estados Unidos ou Reino Unido, acessar capital está longe de ser o principal entrave para as startups, independentemente do momento em que estejam. Há uma estrutura massiva de fundos de *venture capital* (fundos de capital de risco), inclusive voltados para a etapa inicial das startups, o chamado *seed capital*, ou capital semente.

Todo esse contexto sempre foi alicerçado em uma política de juros baixos e educação financeira. Há uma cultura de renda variável pujante há pelo menos cinco décadas nesses países. No Brasil, a taxa Selic foi de dois dígitos de 1997 a 2017, de acordo com dados do Banco Central.[37] Nesse intervalo de tempo, houve períodos nos quais a taxa foi menor do que 10%, mas sempre próxima a isso, ou seja, ainda muito alta. Considerando esse contexto, deixar o dinheiro na renda fixa era uma boa ideia, até porque a poupança, investimento mais popular do país, rende sob a Selic.

Acredito que esse cenário – e aqui é uma percepção meramente pessoal – não incentivou o investidor a conhecer outras opções de investimento e, após um longo tempo nessa situação, tornou parte dos investidores brasileiros avessos ao risco. E não havia o menor motivo para assumi-lo mesmo, porque dinheiro parado crescia. Mas, quando a Selic

---

[37] BANCO CENTRAL DO BRASIL. **Taxas de juros básicas – Histórico**. São Paulo, [S. d.]. Disponível em: https://www.bcb.gov.br/controleinflacao/historicotaxasjuros. Acesso em: 3 ago. 2021.

cai, o investidor busca alternativas. E essa é uma das razões pelas quais os investimentos na Bolsa de Valores e em startups vem batendo recordes seguidamente, conforme a mídia vem noticiando.[38]

Só que boa parte do ecossistema de startups é baseado em acesso a capital para crescer. Isso porque, como já falamos lá atrás, as inovações, muitas vezes, precisam de tempo para ganhar tração no mercado, mas os custos continuam. Por isso, o investimento-anjo é determinante. Sem ele, não existem empreendedores. Sem empreendedores, não há inovação. Sem inovação, um país não evolui. Mas, repito, essa é uma opinião meramente pessoal.

Voltemos após esse parêntese para apresentar o contexto.

O que vemos hoje é um mercado de investimento em startups se estabelecendo. Fundos de investimento são uma das estruturas presentes há mais tempo no cenário brasileiro, com maior ou menor atuação dependendo da época, assim como investidores profissionais pontuais. Mas não havia um ecossistema estabelecido, concreto, para todas as etapas.

Imaginando uma linha do tempo de acesso ao capital para startups, tudo começa em meados de 2014-2015. Temos, no início dela, o advento das aceleradoras (como a Cotidiano, por onde passamos) e, mais adiante, já em 2016, as plataformas de *equity crowdfunding* (como a EqSeed, por meio da qual captamos duas vezes). As grandes empresas também começaram a se posicionar mais fortemente a partir daí. Foi em 2015 que o Itaú inaugurou o Cubo, que propõe conectar empreendedores, grandes empresas, investidores e universidades.

---

[38] BASILIO, P. Por que a bolsa bate recordes em meio à crise? Entenda os motivos e avalie se é hora de investir. **G1**, 18 jun. 2021. Disponível em: https://g1.globo.com/economia/noticia/2021/06/18/por-que-a-bolsa-bate-recordes-em-meio-a-crise-entenda-os-motivos-e-avalie-se-e-hora-de-investir.ghtml. e MONTESANTI, B. Investimento em startups bate recordes e venture capital se consolida como opção. **Folha de S. Paulo**, 19 jan. 2021. Disponível em: https://www1.folha.uol.com.br/mercado/2021/01/investimento-em-startups-bate-recordes-e-venture-capital-se-consolida-como-opcao.shtml. Acessos em: 3 ago. 2021.

A popularização do tema por meio da educação e da cultura pop também começou nessa época e é digna de nota. A plataforma StartSe, hoje uma escola de negócios, nasceu em 2015. O blog Me Poupe, mais tarde transformado em um canal no YouTube – e que veio a se consolidar como o maior canal de educação financeira do mundo, também é de 2015.[39] O programa de TV *Shark Tank*,[40] no qual empreendedores apresentam seus negócios para potenciais investidores, estreou no Brasil em 2016. Os investidores do programa, como Camila Farani, João Appolinário e Caito Maia, foram alçados à condição de celebridades. Há, ainda, Thiago Nigro, o Primo Rico, que veio na mesma esteira, hoje, já conta com quase 5 milhões de inscritos no seu canal do YouTube e é figura relevante no cenário de investimentos nacional. Educação financeira e investimentos (inclusive em startups) viraram temas populares, esse é o fato.

O *equity crowdfunding*, inclusive, passou a contar com uma regulamentação própria, a Instrução CVM 588,[41] a partir de 2017, e sua tração é tamanha que já existem conversas avançadas na Comissão de Valores Mobiliários para expansão do valor máximo captado por startup em cada rodada, que saltaria de 5 milhões para 10 milhões de reais. Vale ressaltar que surgiram diversas novas plataformas nos moldes da EqSeed e da Kria, como, por exemplo, a StartMeUp e a CapTable.

Para se ter uma ideia da ascensão desse mercado, a CVM aponta um aumento de 43% no volume de captações em 2020 na comparação

---

[39] NATHALIA Arcuri. *In*: WIKIPEDIA. Disponível em: https://pt.wikipedia.org/wiki/Nathalia_Arcuri. Acesso em: 3 ago. 2021.

[40] SHARK Tank Brasil. *In*: WIKIPEDIA. Disponível em: https://pt.wikipedia.org/wiki/Shark_Tank_Brasil. Acesso em: 3 ago. 2021.

[41] BRASIL. **Instrução CVM 588**, de 13 de julho de 2017. Dispõe sobre a oferta pública de distribuição de valores mobiliários de emissão de sociedades empresárias de pequeno porte realizada com dispensa de registro por meio de plataforma eletrônica de investimento participativo. Brasília, DF: Ministério da Economia, 14 jul. 2014. Disponível em: http://conteudo.cvm.gov.br/legislacao/instrucoes/inst588.html. Acesso em: 3 ago. 2021.

com o ano anterior, chegando a 84,4 milhões de reais.[42] Os números são dez vezes superiores aos 8,3 milhões de reais captados em 2016, ano anterior à regulamentação específica pela autarquia do mercado de capitais.

De acordo com Brian Begnoche, sócio fundador da plataforma EqSeed, o modelo está ganhando cada vez mais aceitação do mercado. "Há muitos casos de sucesso de captação e agora estão surgindo os primeiros registros de exit, como os da Pegaki, que mostram que o ciclo inteiro de equity crowdfunding funciona de fato, desde captação até a venda. Então, o benefício está evidente para empresa e para o investidor, que começa a realizar múltiplos retornos via equity crowdfunding", explica.

Begnoche afirma ainda que, além do aumento do volume e da frequência das rodadas, elas estão ficando cada vez maiores e mais rápidas. "Nesse mundo em que tudo é digitalizado, o mercado está percebendo quanto esse modelo faz sentido, tanto para investir como para captar. Nos próximos anos, vai ser cada vez mais normal para empresas captar milhões de reais de investimento em apenas dias, senão horas. Isso já está acontecendo na EqSeed". Para se te ter uma ideia, em setembro de 2021, a EqSeed captou 5 milhões de reais em apenas 30 horas pela própria plataforma.

Atualmente, a EqSeed lidera o mercado, com mais de 50 milhões de reais captados e acumula 4 eventos de exits: Pegaki e DinDin, destacados nesse livro, além das *fintechs* IOUU e App Renda Fixa. "A tendência é que o aquecimento das fusões e aquisições aumentem ainda mais o apetite dos investidores, uma que eventos de 'exits' significam cada vez mais liquidez", completa Begnoche.

---

42 CROWDFUNDING de Investimento movimentou mais de R$ 84 milhões em 2020. **Ministério da Economia**, 5 abr. 2021. Disponível em: https://www.gov.br/cvm/pt-br/assuntos/noticias/crowdfunding-de-investimento-movimentou-mais-de-r-84-milhoes-em-2020. Acesso em: 3 ago. 2021.

Há, ainda, outras iniciativas interessantes, como, por exemplo, a Give back,[43] comitê criado pela empresa de *venture capital* Bossanova Investimentos, presidida por João Kepler e considerada uma das principais referências quando o assunto é investimento em startup no Brasil. O grupo reúne fundadores de startups que foram adquiridas por outras companhias recentemente e que, em conjunto, aportam 5 milhões de reais – divididos em cheques de cerca de 200 mil reais –, em quinze negócios iniciantes brasileiros. Apesar da novidade, a Bossanova já vem trabalhando esse público com solidez há bastante tempo.

"Em 2014, quando eu e o Pierre [Schurmann] nos encontramos novamente, eu tinha uma mente anjo, Pierre tinha uma mente *venture capital*. Percebemos que havia um buraco na etapa pré-*seed*, que classificamos em valores entre 100 mil e 500 mil reais. Então estruturamos uma operação para ajudar o empreendedor a chegar na série A, que entendemos por valores a partir de 3 milhões até 5 milhões de reais", conta Kepler.

O investidor acrescenta, no entanto, que o objetivo da Bossanova não é ser apenas a porta de entrada, mas também a de saída. "Queríamos ser uma *exit machine*. Estudamos profundamente o mercado e chegamos no modelo da SV Angel, um fundo norte-americano que nos inspirou muito. Decidimos replicar o modelo no Brasil, com algumas adaptações, claro, mas deu muito certo. Atualmente, é mesmo surpreendente como as grandes empresas querem comprar as startups cada vez mais cedo. Mas o *gap* vem lá de 2014",[44] conta Kepler. Hoje em dia, a Bossanova Investimentos conta com 720 startups em seu portfólio e acumula cases de saída, entre eles, o aplicativo Rappi.

---

43 INGIZZA, C. Give back: Bossanova cria grupo para empreendedores investirem em startups. **Exame**, 22 jun. 2021. Disponível em: https://exame.com/exame-in/bossanova-cria-grupo-para-empreendedores-investirem-em-startups/. Acesso em: 3 ago. 2021.

44 As entrevistas deste capítulo foram concedidas aos autores entre abril e agosto de 2021.

Entusiasta do mercado de empreendedorismo e inovação, Kepler também tem forte atuação na parte educacional do mercado, inclusive com bons livros publicados sobre o tema, entre eles, *Smart money*[45] e *O poder do equity*,[46] no qual divide detalhadamente boa parte de sua experiência no setor.

- **As aceleradoras também têm um papel importantíssimo nesse ecossistema.** Além da Cotidiano, por onde passamos, a ACE também vem fazendo um trabalho bastante consistente ao longo dos últimos anos, inclusive ampliando seu leque de serviços. "Acredito que deixamos de ser uma aceleradora para estar presentes em vários momentos da jornada do empreendedor, desde a criação do seu negócio e captação do investimento, passando pela conexão com grandes empresas, até o apoio e assessoria em um potencial M&A. Tem muita gente boa envolvida nessa missão, como Luiz Fernando Silva, Otávio Pimentel, Alexandre Silva, para citar alguns", afirma Pedro Carneiro, Diretor de Investimentos da ACE.

De acordo com o especialista, a questão das saídas antecipadas vem ganhando cada vez mais destaque no mercado como um todo – a ACE já conta com dezenas de transações neste modelo – e, por isso, o tema também ganhou a atenção da empresa. "Nem todo bom negócio possui todas as características que um *venture capital* busca para investir, sejam questões de mercado, cenário competitivo, tecnologia e até mesmo de momento de vida dos fundadores. Todos esses fatores podem fazer com que seja mais interessante buscar um *early exit*. Apesar disso, a rota de M&A ainda é pouco divulgada e falada em relação à busca por rodadas de investimento, cenário este que muda à medida em que temos mais cases de exits no ecossistema", pontua Carneiro.

---

45 KEPLER, J. **Smart money**: a arte de atrair investidores e dinheiro inteligente para seu negócio. São Paulo: Gente, 2018.

46 KEPLER, J. **O poder do equity**: como investir em negócios inovadores, escaláveis e exponenciais e se tornar um investidor-anjo. São Paulo: Gente, 2021.

Na mesma linha de Kepler, Carneiro também reforça o papel do empreendedor como investidor-anjo. "Acreditamos que empreendedores que vendem as suas startups têm um papel essencial no fortalecimento do ecossistema dessas pequenas empresas. A venda de startups e o movimento de *early exits* alimentam um ciclo de inovação e empreendedorismo. Cases de sucesso geram diversos incentivos no meio. Do ponto de vista financeiro, empreendedores que venderam suas empresas estão mais dispostos a aportar dinheiro em outras startups, por meio de investimento-anjo ou em rodadas mais avançadas, ou utilizam esse capital para fundarem outras startups, que já nascem com um aporte de capital significativo."

De maneira resumida, entre 2015 e 2021, o mercado brasileiro voltado a atender a demanda por capital das empresas iniciantes ou em fase de expansão nasceu e vem crescendo rapidamente. Pavimentou-se – ou se iniciou a pavimentação de – uma estrada. E não é à toa. O lucro está acontecendo nessa ponta também.

Segundo o levantamento Inside Venture Capital, realizado pela Distrito Dataminer,[47] no primeiro semestre de 2021, registrou-se, no Brasil, 339 fusões e aquisições de startups, um aumento de 121% se comparado ao mesmo período de 2020. Vale destacar ainda que 69% dessas operações envolveram empresas na fase de *early stage*. Ou seja, o evento de liquidez para o investidor está muito presente.

O mesmo levantamento aponta ainda que startups brasileiras atraíram um valor recorde de 5,2 bilhões de dólares em investimentos. No entanto, boa parte desse valor foi direcionado em onze megarodadas, nas quais são feitos os investimentos acima dos 100 milhões de dólares, como, por exemplo, o Nubank (400 milhões de dólares), Ebanx (430 milhões de dólares) e Gympass (220 milhões de dólares).

---

[47] STARTUPS brasileiras movimentam US$ 5,2 bi e batem recorde no semestre. **Distrito**, 8 jul. 2021. Disponível em: https://distrito.me/startups-semestre-2021/. Acesso em: 3 ago. 2021.

Ou seja, um montante cavalar do valor total foi destinado para poucas empresas que estão em fases mais avançadas, evidentemente em outro momento. O modelo de negócio a classifica como uma startup, mas o momento da empresa, consequentemente, e o volume aportado é outro. É importante fazer essa distinção para entender o cenário. Mas o fato é que empresas e instituições começaram a se aproximar do assunto startup. E esse tópico caiu no gosto popular.

O topo da pirâmide

Lá em cima, estão os unicórnios, como Nubank e QuintoAndar. Tradicionalmente, essas empresas passam por uma série de grandes captações, e os valores de suas primeiras rodadas já evidenciam a proporção que o negócio tende a tomar. O Nubank, por exemplo, foi fundado em 2013, com um investimento de 2 milhões de dólares. No ano seguinte, recebeu uma novo aporte, desta vez de 15 milhões de dólares e, em 2015, mais 82 milhões de dólares. A *fintech* recebeu vários outros investimentos ao longo dos anos, o mais recente deles em junho de 2021, quando anunciou o aporte de 750 milhões de dólares, alcançando um valor de mercado de cerca de 30 bilhões de dólares.[48] O QuintoAndar, em sua quinta rodada, captou 300 milhões de dólares. No total, a companhia já levantou mais de 600 milhões de dólares em investimentos alcançando um valuation de 4 bilhões de dólares, mais que a Cyrela e a MRV juntas.[49]

---

[48] NUBANK recebe aporte de US$500 milhões e já vale mais que a XP e o Banco do Brasil. **O globo**. Disponivel em: https://oglobo.globo.com/economia/nubank-recebe-aporte-de-us-500-milhoes-de-buffett-ja-vale-mais-que-xp-banco-do-brasil-1-25051352. Acesso em: 31 ago. 2021. .

[49] MANZONI Jr., R. QuintoAndar capta US$ 300 milhões e já vale US$ 4 bilhões, mais que Cyrela e MRV juntas. **NeoFeed**, 28 maio 2021. Acesso em: https://neofeed.com.br/blog/home/quintoandar-capta-us-300-milhoes-e-ja-vale-us-4-bilhoes-mais-que-cyrela-e-mrv-juntas/. Acesso em: 3 ago. 2021.

Agora você deve estar se perguntando: por que essas empresas precisam de tanto dinheiro?

Elas precisam de dinheiro para acelerar seu crescimento e chegar mais rápido do que seus concorrentes ao objetivo, seja ele angariar mais clientes, ampliar escopo de atuação, expandir para outros países etc. O meio para se alcançar esse objetivo pode ser, inclusive, os movimentos de fusões e aquisições de startups em estágio inicial.

E, aí, surge outra pergunta: por que e como elas conseguem tanto dinheiro enquanto, para outras startups, é mais difícil?

Se você parar para pensar, todas as startups precisam de dinheiro para crescer, então a resposta da primeira pergunta, em teoria, serviria para todas, certo? Mais ou menos. A questão é que o acesso ao capital se dá por conta de uma série de fatores, e destaco dois que pesam a favor dessas grandes startups:

1. A empresa atua em um mercado potencial extremamente escalável, beneficiando um volume muito grande de pessoas, e, rapidamente, comprova que pode resolver o problema a que se propõe. Só que isso acontece de forma tão rápida e contundente que os investidores entram logo na jogada. Aí, a briga é para saber qual investidor consegue entrar na startup, e não o contrário. Por isso que os cheques são maiores e tendem a crescer. Com dinheiro e eficiência, essas empresas crescem cada vez mais rápido, a ponto de atingirem um valor de mercado de mais de 1 bilhão de dólares antes mesmo de abrirem seu capital na bolsa de valores. É um ciclo positivo, mas que começa com um supernegócio e com uma superequipe. E o que faz uma superequipe?

2. Seu corpo de sócios já tem um *track record* (isto é, um histórico de empreendimentos e realizações bem-sucedidos), então o investidor confia na visão e na capacidade de execução dessas

pessoas. Captar investimento é um trabalho de longo prazo que exige credibilidade, confiança e relacionamentos. Logo, quem já percorreu esse caminho, seja como empreendedor ou executivo de grandes empresas, startups, bancos e fundos de investimento, tem uma grande vantagem competitiva frente ao jovem desconhecido que está iniciando. Mas quero deixar claro que isso não é impossível de acontecer.

Vale lembrar, ainda, que as possibilidades de saída para empresas que atingem um tamanho de unicórnio são muito menores pelo motivo óbvio de que são poucas as empresas com caixa disponível para uma aquisição desse tamanho. O lado positivo é que, no fim de 2020, houve um grande aumento de entrada de novas empresas na bolsa de valores e fazendo IPO. Esse é um cenário que deve continuar em crescimento nos próximos anos. Analisando os últimos eventos desse porte ocorridos em 2020, grande parte dos recursos captados foram justamente direcionados para movimentos de aquisição de novas startups, como no caso da Locaweb[50] e da Méliuz.[51]

De maneira objetiva, os IPOs representam um caminho que pavimenta um provável evento de saída para esse perfil de empresas, cujo valuation é astronômico. Porém, é sempre importante lembrar que, neste momento, a grande valorização de algumas empresas ainda é uma exceção.

Vale reforçar, ainda, que a jornada de captação das startups envolve a diluição: cada vez que a empresa faz uma captação, o percentual de participação dos sócios no negócio é diluído. Em outras

---

[50] BRAUN, D. Desde o IPO, Locaweb soma 10 aquisições. **Valor**, 23 abr. 2021. Disponível em: https://valor.globo.com/empresas/noticia/2021/04/23/desde-o-ipo-locaweb-soma-10-aquisicoes.ghtml. Acesso em: 3 ago. 2021.

[51] MÉLIUZ: como o IPO transformou a empresa. **InfoMoney**, 6 jul. 2021. Disponível em: https://www.infomoney.com.br/negocios/meliuz-como-o-ipo-transformou-a-empresa/. Acesso em: 3 ago. 2021.

palavras, os sócios perdem participação acionária a cada rodada, por isso a ideia de valorizar a empresa rapidamente é tão importante.

Desse modo, **se uma empresa não tem tração para ser um unicórnio sozinha, ela deve considerar a hipótese de encontrar outros caminhos**.

Outro ponto importante de análise: quando uma empresa faz uma captação junto a um fundo de investimento – geralmente, 5 milhões de reais para cima –, esse fundo não tem pressa para viabilizar uma saída, seja venda ou IPO. O fundo pode achar que uma determinada oferta não é boa o suficiente e, às vezes, tem poder para impedir o empreendedor de realizar a venda.

Há duas hipóteses aqui. O fundo pode estar certo e a empresa pode vir a ser vendida em um momento mais promissor no futuro e todos realizarem um lucro maior. Mas o fundo pode estar errado e a empresa pode perder o *timing*, ficar obsoleta e sumir. E isso é um problema para o fundo? Na maioria das vezes, não. **Se uma das empresas da carteira der lucro, o investidor está protegido. Quem morre na praia é o empreendedor. Por todas essas circunstâncias, é sensato o empreendedor conhecer um pouco mais sobre as possibilidades e vantagens de realizar uma saída antecipada.**

Saídas antecipadas

O segundo caminho para startups, que é muito executado, mas pouco debatido no Brasil, é a saída antecipada. Em paralelo ao aumento de IPOs no país e de novos unicórnios e grandes captações de investimento, começa a ganhar corpo um movimento de aquisições de startups em estágio intermediário. São startups com uma média de três a cinco anos de vida, com valutions em torno de 5 a 50 milhões de reais, que tiveram alguma captação de investimento, mas não com grandes fundos, e que contam com um time de excelência, produto ou serviço altamente escalável e já vem mostrando alguma tração de mercado.

Do ponto de vista estratégico das grandes empresas, as aquisições dessas startups inovadoras são uma maneira de encurtar o caminho para a solução de uma carência interna ou alguma demanda de mercado que queiram suprir. Existe uma demanda cada vez maior por soluções tecnológicas que as grandes empresas simplesmente não sabem como atender. Na prática, é mais barato e ágil para uma grande empresa tradicional comprar uma startup que viabilize uma determinada solução do que ela mesma tentar desenvolver algo parecido do zero.

Uma startup, geralmente, é enxuta, ágil e, nela, o erro não é visto como um problema, mas como uma parte do processo. Então, até chegar a uma solução, a equipe possivelmente errou bastante e precisou de capital para chegar àquele estágio de maturidade e consolidação. Essa receita, fundamental para uma startup, é extremamente mal vista em uma grande corporação, a despeito de qualquer discurso que o leitor possa ter visto no LinkedIn.

Grandes corporações são avessas ao risco, e os colaboradores sabem disso, o que torna o ambiente inóspito para a inovação. Mesmo assim, as grandes precisam inovar para se manterem competitivas no mercado e, para isso, acompanham de perto o ecossistema de inovação e compram aquelas startups que já se provaram eficientes e disruptivas. Vira um negócio bom para as duas partes.

Há de se falar, também, sobre uma série de conjunturas macroeconômicas que influenciam direta ou indiretamente eventos de transformação de mercados, como fusões e aquisições. Especificamente sobre o momento que estamos vivendo, é razoável considerar esse contexto.

Da perspectiva do investidor, a taxa Selic, ainda que esteja subindo, segue sugerindo a migração dos aportes para renda variável, e as startups vêm ganhando espaço nessa carteira de ativos ano após ano. Com dinheiro, as empresas que têm potencial escalam. Com escala, atraem players interessados em incentivar seus processos de aceleração por meio de fusões. Esses eventos de aquisições, por sua vez, vão se acumulando e promovendo liquidez para o investidor, consolidando as startups como ativos. Essa é a lógica.

Dentro da realidade mais recente, a transformação digital que já era iminente foi acelerada pela pandemia da covid-19. Ficamos com tudo fechado, parcial ou totalmente, mas os negócios tinham que continuar. Sendo assim, tudo que poderia ser digitalizado foi. Em 2020, o e-commerce bateu recordes de venda, como já falamos exaustivamente neste livro. As maiores empresas do mundo estruturaram suas operações na modalidade *home office* em poucos dias. A população em geral se abriu – às vezes, compulsoriamente – às experiências digitais. E, então, o mercado precisou se adaptar ao novo cenário. **Qual é o jeito mais rápido e efetivo de resolver o problema? Comprar a solução e quem a provém. Logo, uma das consequências foi o crescimento estrondoso de casos de M&A.**

De acordo com dados do site Fusões & Aquisições,[52] em 2020, o mercado brasileiro registrou 1.151 negócios de fusões e aquisições, um crescimento de 11% em relação à avaliação anterior. O levantamento aponta que 61,2% das transações envolveram empresas com valores de até 50 milhões de reais. Os dois maiores investimentos setoriais foram em tecnologia da informação e em instituições financeiras.

Já entre janeiro e abril de 2021, segundo dados da plataforma de inovação Distrito divulgados pelo Estadão,[53] o número de aquisições

---

[52] FUSÕES e aquisições: 1.151 transações realizadas em 2020. Crescimento de 11%. **Fusões&Aquisições**, 20 jan. 2021. Disponível em: https://fusoesaquisicoes.com/acontece-no-setor/fusoes-e-aquisicoes-1-151-transacoes-realizadas-em-2020-crescimento-de-11/. Acesso em: 3 ago. 2021.

[53] PEREIRA, R. Em busca de inovação, grandes empresas batem recorde de aquisições de startups. **Estadão**, 23 maio 2021. Disponível em: https://economia.estadao.com.br/noticias/geral,em-busca-de-inovacao-grandes-empresas-batem-recorde-de-aquisicoes-de-startups,70003723370. Acesso em: 3 ago. 2021.

de startups cresceu 120%, índice recorde para o país. Ao todo, foram 77 negócios frente a 35 no mesmo período de 2020. Para se ter ideia do grau de urgência das grandes empresas, o volume de aquisições, só nos primeiros quatro meses desse ano, foi maior que o de 2019 inteiro.

Embora haja necessidade iminente de inovação e os números demonstrem claramente isso, o processo de fusão e aquisição leva em conta uma série de fatores, como o modelo de negócio, a tração e, especialmente, o perfil dos empreendedores. Mas o que pensam as grandes empresas e os investidores peso pesado do mercado brasileiro de startups? Quais são os critérios de avaliação na hora de fechar um negócio? Esse é o tema do próximo capítulo.

Uma startup, geralmente, é enxuta, ágil e, nela, o erro não é visto como um problema, mas como uma parte do processo.

CAPÍTULO 8:
O que pensam as grandes empresas na hora de comprar uma startup?

Compreendido

o contexto macro que envolve a necessidade de aquisição de uma startup, agora é importante entender a perspectiva do comprador de maneira mais profunda. O que ele avalia quando vai às compras? Nesse sentido, é curioso observar que cada empresa tem sua estratégia, olha para um determinado modelo e segmento de negócio e avalia o papel da startup dentro do seu escopo. **No entanto, há uma unanimidade entre os executivos ouvidos: o aspecto humano sempre vem em primeiro lugar, mesmo quando o assunto são ativos envolvendo tecnologia de ponta.**

A gigante de tecnologia Locaweb, especializada em soluções digitais para pequenas e médias empresas, é um exemplo de forte estratégia em fusões e aquisições. Entre fevereiro de 2020 e junho de 2021, a companhia somava a análise de 1.900 startups, sendo que 123 estavam em um radar aproximado, outras 35 estavam sob análise mais profunda, e dez negócios já haviam sido concluídos. Entre os cases da Locaweb, vale destaque para o Delivery Direto, cujo case apresentamos anteriormente, no conteúdo bônus deste livro.

"Sempre buscamos ativos que eram, por definição, *asset light*, ou seja, escaláveis de fato, que dependessem menos de gente e mais de tecnologia. O SaaS genuíno. Muitos negócios se vendem escaláveis e, quando você olha, tá cheio de gente empurrando as máquinas. Além disso, para fechar um negócio, olhamos para a receita recorrente, para os produtos já consolidados, para as taxas de retenção de talentos e para o potencial de *cross sell* e *up sell*, isto é, se existe sinergia para agregar com nosso ecossistema", detalha Higor Franco, Diretor Geral da Locaweb.[54]

O funil do M&A da Locaweb tem uma razão de ser: ele já é parte do processo de integração da startup ao ecossistema da empresa. "Não compramos para acumular receitas. As aquisições são estratégicas, os *founders* precisam ter motivação para seguir depois do *earn-out*, o ecossistema precisa crescer. Já achamos o negócio, o mercado, mas, se não identificarmos a vontade do empreendedor em permanecer, se não houver *fit* cultural, a gente para. Não adianta tentar fazer o quadrado passar no círculo porque não vai passar", pontua o diretor.

A plataforma de comércio digital para grandes empresas VTEX também observa com atenção a questão das aquisições. Fundada nos anos 2000 por Mariano Gomide de Faria e Geraldo Thomaz Jr., a empresa tem uma trajetória consistente de sucesso. Atualmente, atua em nada menos do que 32 países e atende clientes como Sony, Walmart, Whirlpool, Coca-Cola, Stanley Black & Decker, AB InBev, Nestlé, Carrefour, entre muitos outros.

Para além da sua força, a marca também desperta desejo. Uma prova disso é a consolidação do VTEX Day como principal evento de tecnologia e inovação da América Latina. Realizado desde 2013, os eventos são sempre concorridíssimos. Nomes como Barack Obama (ex-presidente dos Estados Unidos), Richard Branson (fundador da Virgin) e Marc Randolph (fundador da Netflix) já passaram pelos palcos do evento, o que dá uma noção da relevância da empresa no cenário mundial.

Obviamente, a questão da inovação é um tema extremamente relevante dentro da companhia. De acordo com Ricardo Camatta Sodré, executivo responsável pelo setor de M&A da companhia, o DNA da empresa é de construção, de modo que aquisições são pontuais e estratégicas. "*We are builders, not buyers* (somos construtores, não compradores), mas

---

54 As entrevistas deste capítulo foram concedidas aos autores entre abril e agosto de 2021.

temos um histórico de pequenas aquisições. A gente tem um ecossistema em torno da VTEX muito importante. Então, temos que ser bem cuidadosos em como a gente atua, quando é momento de fazer em casa, de contar com um parceiro ou de ir ao mercado e comprar", conta.

"Se estamos falando de uma solução em um segmento mais maduro, bem competitivo e que é complementar ao ecossistema, tipo pagamento, a gente vai acessar nossa rede de parceiros. Não faz tanto sentido entrar em um mercado já bastante competitivo, melhor atuar via parceria neste caso. Se for alguma funcionalidade que pode levar a uma diferenciação do produto ou da experiência do cliente no longo prazo, alguma coisa inovadora, temos a tendência de construir dentro de casa. Se tiver algo muito fora, mas muito redondo e estratégico, aí avaliamos a aquisição", detalha.

Segundo Sodré, a VTEX separa suas estratégias de compra em três verticais e uma horizontal. "A vertical 1 é o *around the core* (em torno do negócio principal), uma plataforma de e-commerce, por exemplo, que eu posso comprar para migrar a base de clientes e/ou acelerar minha entrada em uma nova geografia, uma nova região ou país. A vertical 2 refere-se a uma funcionalidade, algo que eu compro para melhorar a vida do meu cliente ou do consumidor final. A vertical 3 são as adjacências, como, por exemplo, uma solução logística. Não é meu negócio, mas, se eu ajudo meus clientes a vender pela internet, posso potencialmente ajudá-los a otimizar a entrega dos produtos também. E, por fim, a horizontal, que corta todas as três verticais, aquisição de talentos. Inclusive, já compramos empresas só pelas pessoas. No setor de tecnologia, o recurso humano é o nosso principal ativo, então se o time não for de altíssimo nível, a gente não compra", explica.

Para Frederico Pompeu, sócio do BTG Pactual e Head do boostLAB, o hub de negócios do banco para empresas de tecnologia, muitas vezes é mais rápido e efetivo investir em uma startup do que desenvolver tudo internamente. Em Julho de 2021, o banco BTG anunciou uma nova rodada de investimentos no capital social da *fintech* Celcoin,[55] que atua como uma plataforma de *open finance*. A startup levantou 55 milhões de reais desta vez e o banco já utiliza seus APIs em diversas funcionalidades do seu braço digital de varejo, o BTG+.

Nesse sentido, o executivo é enfático quando o assunto é a avaliação dos empreendedores. "São eles que fazem a diferença. Sempre avaliamos bem as soluções que apresentam e também a capacidade de execução dos seus times. Então, quando você encontra muita gente boa dedicada a resolver uma dor, é muito mais rápido e inteligente nos juntarmos a esse time para acelerarmos o lançamento de algum novo *feature* (ou seja, ferramenta) ou de uma nova linha de negócios. Como costumo dizer, nove mulheres não conseguem parir um bebê em um mês. Em outras palavras, por mais recursos que você tenha – e recursos são sempre escassos – tempo de programação e testes são sempre importantes para o lançamento. Essa é uma tendência irreversível", avalia Pompeu.

Outra grande empresa que aposta nas fusões é a Nuvini. Criada em 2020 por Pierre Schurmann, um dos precursores da web no Brasil e autoridade no mercado, especialmente quando o assunto é o *early exit*, a companhia pretende adquirir entre oitenta e noventa empresas até 2025, com foco em três segmentos-chave: marketing, ferramentas de finanças e produtividade. Essas aquisições terão recortes específicos: maturidade do negócio, cujos valuations devem orbitar entre 20 milhões e 50 milhões de reais; alta rentabilidade; já contar com produtos testados; e crescimento de 20% a 25% ao ano. Vale ressaltar, ainda, que as aquisições da Nuvini envolvem sempre 100% das ações, e os fundadores ficam no negócio por um período que, geralmente, varia de três a cinco anos. E, como não poderia deixar de ser, outro fator determinante é o empreendedor.

---

55 BTG Celcoin, de *open finance* e inclusão financeira, capta R$ 55 milhões com Sinqia, Vox Capital e BTG Pactual Digital. **Capital Reset**. Disponível em: https://www.capitalreset.com/celcoin-de-open-finance-e-inclusao-financeira-recebe-r-55-milhoes-em-aporte-liderado-pela-sinqia/ Acesso em: 3 ago. 2021.

"[Este é] o caminho de qualquer startup que cresce: você sai de uma tribo para uma vila, depois para uma cidade. Em cada fase, você tem que mudar comunicação, estrutura, processo interno. Algumas startups conseguem fazer um excelente trabalho enquanto vila, mas não alcançam o próximo estágio. Nos últimos doze meses, olhei mais de duzentas empresas. Das que bateram na trave e pulei fora, todas foram por causa das pessoas, por conta do grau de maturidade do time para o próximo estágio. O processo de M&A é amplo e complexo, mas o time é o mais importante na aquisição", revela Pierre.

Com vasta bagagem no segmento de M&A, Schurmann entende que o movimento de aquisições de startups é um caminho sem volta, de modo que o volume dessas transações só tende a crescer. Existe uma série de razões para isso, mas vale destacar o custo da oportunidade, que aumentou muito. "O que isso quer dizer? Imagine o prejuízo de um banco por não ter uma carteira virtual, uma solução *fintech*. É um desastre. Se ele for criar lá dentro, ele erra, acerta, erra de novo, volta. Nessa brincadeira, passou dois anos. Aí, o concorrente dele já comprou alguém que faz exatamente a mesma coisa, já implementou essa solução para os seus 10 milhões de clientes e já antecipou receita. É assim que funciona", afirma o investidor.

A XP Investimentos também possui uma estratégia forte no que diz respeito à busca por inovação, e não poderia ser diferente. O negócio fundado por Guilherme Benchimol em 2001, na época, ainda um escritório de agentes autônomos em Porto Alegre, se tornou a pedra na vidraça do mercado financeiro brasileiro das últimas duas décadas. Em vinte anos de história, a empresa investiu pesado na promoção de educação financeira aos seus clientes e na abertura de novas possibilidades de investimento para além dos grandes bancos. A disrupção foi de tal grau e o incômodo causado foi tamanho que, ironicamente, a XP foi comprada exatamente por um grande banco, o Itaú, que levou 49,9% da empresa – quando já era a maior corretora do país – pela bagatela de 5,7 bilhões de reais, em 2017.[56] Algumas movimentações ocorreram em torno da parceria XP Itaú de lá para cá, mas esse não é o foco.

A questão é que, quem foi pedra um dia, deve tomar cuidado para não virar vidraça, e a XP parece saber disso. Em outras palavras, a empresa sabe que precisa ficar antenada e se manter atualizada para não se tornar obsoleta. Exatamente por essa razão, a empresa desenvolveu a XP Venture, braço de inovação cuja missão é observar tendências e reter o que for estratégico. "Temos o cliente no centro. Queremos saber como aquela startup melhora a vida do meu cliente, a maneira como ele é atendido na XP. Às vezes melhora, organiza uma fila de atendimento, otimiza alguma função. É para essas empresas que olhamos", conta Marcos Sterenkrantz, Head da XP Ventures.

Segundo o executivo, a aquisição é apenas um dos caminhos que a corretora utiliza, mas existem vários outros modelos: "Essa relação não tem obrigação de envolver investimento. De repente, a empresa tem uma ferramenta legal, mas não necessariamente eu preciso investir para ser benéfico para ela e para a XP, às vezes, é possível encontrar outros caminhos, eventualmente até uma *joint venture*, no sentido de construir novos modelos".

Um dos cases em que a estratégia envolveu uma aquisição efetiva foi o da *fintech* Antecipa, plataforma digital de antecipação de recebíveis. "Se trata de um produto do nosso *core business*, isto é, extremamente alinhado com nossos principais produtos e serviços. Nesse caso, se eu simplesmente fizesse uma parceria, não conseguiríamos explorar o potencial, integrar as equipes e abrir toda a base de clientes para que ambas pensassem juntos. Então, com relação a essa startup, o investimento em *equity* alinhou melhor. É assim que pensamos", pontua Sterenkrantz.

---

56 AGOSTINI, R. Itaú compra 49,9% da XP, maior corretora do país, por R$ 5,7 bilhões. **Folha de S.Paulo**, 11 maio 2017. Disponível em: https://www1.folha.uol.com.br/mercado/2017/05/1883307-itau-fecha-acordo-para-comprar-participacao-na-xp-investimentos.shtml. Acesso em: 3 ago. 2021.

Na ponta do varejo, uma empresa que merece destaque é o Magalu. De acordo com artigo do jornal *O Estado de S. Paulo*,[57] a empresa realizou mais de vinte aquisições estratégicas, envolvendo negócios de diversos segmentos: varejo, e-commerce, cosméticos, educação, conteúdo, mídia e entretenimento. Entre as empresas adquiridas pelo Magalu, estão Netshoes, Canaltech, Jovem Nerd, Estante Virtual e aiqfome.

Na prática, a empresa vai muito além da estratégia de comprar empresas do seu *core business*, o que dá margem para uma série de análises. Em outras palavras, a compra da Netshoes, um e-commerce de calçados, é de fácil compreensão, há uma relação direta, é varejo. Mas a compra do Canaltech e do Jovem Nerd já engloba uma estratégia maior. Alberto Serrentino, fundador da boutique de estratégia de varejo Varese Retail, avalia que o "Magazine não pode mais ser definido como uma empresa de varejo, está se transformando em um ecossistema de negócios".[58]

Analisando algumas aquisições de mercado, de fato, elas vão muito além do comprar uma empresa para oferecer uma solução melhor. Não que isso seja pouco, porque não é, mas a discussão é mais ampla. **Elas envolvem retenção de profissionais de tecnologia (escassos no mercado), ampliação de escopo, testes em mercados completamente diferentes e até uma disputa direta com a concorrência.**

Gustavo Caetano, fundador da empresa de tecnologia Sambatech e membro do conselho de grandes empresas, é uma figura relevante no Brasil quando o assunto é inovação. Uma das personalidades mais influentes do LinkedIn no país e apontado como o Mark Zuckerberg brasileiro

---

57 SERRENTINO, A. O que o Magazine Luiza quer com o Jovem Nerd e outras aquisições. Leia análise. **Estadão**, 14 abr. 2021. Disponível em: https://economia.estadao.com.br/noticias/geral,o-que-o-magazine-luiza-quer-com-o-jovem-nerd-e-outras-aquisicoes-leia-analise,70003681257. Acesso em: 3 ago. 2021.

58 SERRENTINO, S. O que o Magazine Luiza quer com o Jovem Nerd e outras aquisições. **Terra**. Disponível em: https://www.terra.com.br/economia/o-que-o-magazine-luiza-quer-com-o-jovem-nerd-e-outras-aquisicoes-leia-analise,acec3eaef36407ba2f66f5c946dd340beun2di44.html. Acesso em: 20 ago. 2021.

pelo portal de tecnologia e negócios Business Insider,[59] o mineiro faz uma leitura bastante ampla do cenário de fusões e aquisições no país. Segundo o executivo, a compra de startups pode ser compreendida em horizontes, divididos em 1, 2 e 3. "Não que seja uma regra e que não tenham exemplos fora disso, mas eu acredito que, no geral, essa divisão faz sentido", diz.

"O H1 é o que eu faço hoje. É o meu *core business* bem-feito, melhorado. Eu compro eficiência operacional. O H2 é o que está em volta do meu *core*, do meu principal produto ou serviço, é ampliar o que posso fazer. Tipo uma seguradora que passa a arrumar eletrodomésticos, a lavar sofá. É um novo serviço, mas tem uma relação de proteção, de seguro. E tem o H3, que é o *scale the new* (escalar o novo). Esse negócio, aparentemente, não tem nada a ver com o que eu faço, eu não conheço o mercado, mas estou vendo que aquilo é muito forte, muito poderoso. Então, eu faço essa aquisição, mas não coloco ela dentro do meu planeta, eu a deixo como satélite, orbitando, para, juntos, construirmos algo que talvez nem a gente saiba ainda o que é. Eu vou ajudá-la com o capital e com a estrutura. Ela me ajuda com a inovação e com a tecnologia", explica Gustavo.

Para ele, independentemente do perfil da startup alvo, há diversos conflitos nas grandes empresas quando o assunto é inovação. "Se você chega no conselho de uma grande companhia, todo mundo está desesperado para inovar, mas não sabe como. Aí, você vai lá na operação, a queixa é que o chefe pede inovação, mas cobra meta e eficiência na ponta do lápis, sem espaço para erro. Além disso, tem a questão do *compliance*, qualquer mudança minimamente consistente precisa de tantas aprovações que se torna inviável. Então, as empresas não têm muitas alternativas a não ser comprar quem já sabe fazer", detalha.

Outro ponto destacado por Caetano é a resistência interna. "Um dono de um grande *call center*, com mais de 20 mil funcionários, uma vez,

---

[59] WEINBERGER, M. 9 Tech Founders Who Are The 'Mark Zuckerberg' of Their Countries — Rich, Successful, and Younger Than 35. **Business Insider**, 28 jun. 2015. Disponível em: https://www.businessinsider.com/top-young-entrepreneurs-from-around-the-world-2015-6. Acesso em: 3 ago. 2021.

me perguntou o que ele deveria fazer para inovar. Eu falei para ele fazer algo para matar o *call center*, matar o próprio negócio antes que outra pessoa fizesse. Sugeri que investisse em *chat boot*, inteligência artificial, isto é, um software que conversa com o cliente de maneira tão natural que realmente parece uma pessoa. Mas qual é a possibilidade de uma inovação dessa ser aceita pelo público interno dessa empresa? As pessoas vão ter medo de perder o emprego, é complicado. Essa também é uma das razões pelas quais as grandes empresas compram startups", diz.

O fundador da Sambatech destaca, ainda, a questão da concorrência como um fator que aquece as transações junto às startups. "De longe, esse não é o principal motivo. Mas, como diz um amigo meu, às vezes, o Real Madrid compra jogador só para o Barcelona não comprar. Se tem uma startup forte, com dados e conhecimento de mercado, ela pode gerar uma vantagem competitiva para meu concorrente. Então, eu compro para evitar isso. Agora, quem tem que tomar cuidado com isso é o empreendedor da startup. Em um negócio movido por esses interesses, o acordo pode significar uma vida difícil no pós-venda ou até mesmo o desaparecimento da startup. É preciso ter cuidado", pondera.

O último ponto apresentado por Caetano faz todo sentido. Realmente, ter a possibilidade de realizar uma saída antecipada é um grande acontecimento na vida do empreendedor e da startup, mas não é só a grande empresa que deve avaliar quem está comprando. A startup também deve pensar mil vezes e analisar criteriosamente as intenções e as perspectivas do seu comprador.

O dia depois de amanhã: o pós-venda

Missão cumprida, contrato assinado, dinheiro na conta. Hora de comemorar e curtir a vida? Comemorar e curtir sempre é bom e, se você realizou uma saída antecipada, é justíssimo. Mas certamente as coisas não são fáceis do jeito que parecem. **Não confunda uma saída antecipada com uma aposentadoria.**

É preciso relembrar os principais motivos que fazem uma grande empresa comprar uma startup. O primeiro e mais importante item é o time. As pessoas que fazem o seu negócio acontecer são seu maior ativo. Logo, se a empresa que realiza a compra de uma startup não puder contar com as pessoas no dia seguinte, provavelmente essa não será uma boa aquisição, concorda?

Na verdade, a venda da empresa é o começo de um novo ciclo, que envolve muito mais trabalho e novos desafios. A partir desse ponto, o empreendedor está conectado a uma empresa muito maior, com muito mais capital, mais pessoas, metas maiores. Em outras palavras, mais cobrança e desafios. Ao mesmo tempo que a venda tira um peso das costas, representa um ponto de virada, uma conquista concreta e, talvez, um dos acontecimentos mais marcantes da trajetória de qualquer empreendedor; uma nova fase se inicia, mas em um nível ainda mais avançado e exigente.

No caso da Pegaki, logo na sequência da venda, já começamos as entrevistas para uma bateria de vagas que a empresa iria abrir para dar corpo ao seu processo de expansão. Os dias seguintes ao fechamento da transação foram frenéticos. Trabalhamos loucamente, havia muita coisa para ser feita e ainda há. O nosso plano de expansão é extremamente agressivo.

A empresa abriu 150 vagas no início de 2021 e estabeleceu a meta de saltar de 1.500 pontos para mais de 20 mil em três anos, o que envolve um trabalho pesado de mapeamento, logística, tecnologia e, evidentemente, comercial. Um projeto desse porte exige muita sinergia entre os times das duas empresas, uma vez que muitos dos espaços serão compartilhados e muitas das tarefas serão realizadas de forma conjunta a partir desse momento.

Como disse anteriormente, eu queria que o negócio com a Intelipost desse certo por conta do alinhamento prévio de interesses que nós tínhamos. Não queria vender minha empresa para que ela se transformasse em um departamento, desaparecesse ou que minha vida se tornasse um inferno. Essa é uma dor recorrente de muitos empreendedores, inclusive.

Aprofundando e "filosofando" um pouco mais, há uma frase de Luis Fernando Verissimo que diz que "quando a gente acha que tem todas as respostas, vem a vida e muda todas as perguntas".[60] A realização de um sonho sempre traz consigo o ápice de uma jornada, mas também o início de outra. No caso da venda de startups, muitas vezes, a empresa incorpora a startup adquirida como uma *feature*, como um aplicativo, por exemplo, ou então faz do projeto um departamento. Outras vezes, a empresa permanece independente.

Essa realidade tem conexão direta com o empreendedor, cuja vida muda radicalmente. Empreendedores, geralmente, se tornam altos executivos das grandes empresas compradoras, pelo menos por um período – que varia, em média, de dois a cinco anos – delimitado por contrato. Inclusive, em muitos casos, uma parte do pagamento só é realizada após esse período.

A questão é que a personalidade é o fator determinante para que um profissional decida pelo empreendedorismo ou por uma carreira executiva. No geral, empreendedores tiveram experiências corporativas ruins e pensaram: *acho que não é pra mim, vou fazer do meu jeito*. Só que, quando a venda da empresa é concluída, talvez não seja mais assim. **Realizar o *exit* é uma coisa, assimilar que o projeto da sua vida talvez não seja mais seu é outra bem diferente.**

Dessa questão, deriva toda uma rotina de hábitos pessoais e de processos corporativos que podem ser extremamente diferentes. Por isso, a

---

60 VERISSIMO, F. L. **Pensador**, 2005-2021. Disponível em: https://www.pensador.com/frase/MTU2ODEy/. Acesso em: 8 ago. 2021.

questão da avaliação do *fit* cultural no momento do acordo, assunto amplamente debatido durante todo o livro, é muito importante. A vida muda mesmo. Nesse sentido, alguns casamentos dão mais certo do que outros.

Não há espaço para hipocrisia quanto ao dinheiro: todos vendem por isso também. Mas só o dinheiro não sustenta uma relação de dois a cinco anos. A natureza da personalidade do empreendedor demanda um ambiente, um ecossistema, que nem sempre existe dentro de uma grande empresa. Razão pela qual ela, inclusive, comprou uma startup, para começo de conversa. É um conflito real mesmo.

Desse modo, há casos de empreendedores que se tornaram executivos e se sentem empreendendo ainda. Estão felizes. Mas não é incomum que a euforia do primeiro cheque do *exit* – aquele que garante a independência financeira da pessoa – preceda um certo sentimento de vazio. Uma "depressão pós-venda".

Uma história bastante interessante nesse sentido é a de Paulo Orione. O jovem catarinense é um dos fundadores da Decora, startup especializada na criação de cenários de decoração em 3D adquirida em 2018 pela gigante americana CreativeDrive por nada menos do que 100 milhões de dólares. Paulo não tinha nem 30 anos quando a venda aconteceu. A aquisição ocorreu seis anos após a criação da empresa, e foi o segundo maior negócio com empresas de tecnologia do país em 2018. O case Decora, portanto, está na prateleira de cima quando se fala em negócio de sucesso. É destaque entre os melhores.

Apesar do excelente negócio do ponto de vista financeiro, Orione conta que a experiência como executivo não foi exatamente como ele esperava: "Cara, o começo foi uma maravilha. Mas, no fim, tinha dia que eu deitava no chão antes de sair de casa pedindo força mental para aguentar o expediente. Eu não suportava mais, a verdade é essa. Nos piores momentos, eu pensava que tinha aceitado aquela troca, viver mal para fazer um bom dinheiro, mas que só conseguiria fazer aquilo por um curto período de tempo, como o fiz. Tanto que não aceitei a proposta deles para continuar como executivo da empresa. E eu falo isso abertamente, pois não sou a favor do empreendedorismo porcelana", revela. (O case completo da Decora está no capítulo bônus "Eles também realizaram uma saída de mestre", na página 114).

Paulo Orione pode ser um dos poucos com a coragem de falar abertamente e com franqueza sobre o tema, mas, sem dúvida, não é o único empreendedor que teve dificuldades no pós-venda. Tanto é verdade que as grandes empresas contam com processos e estruturas para manter seus empreendedores engajados com os negócios após a venda.

A Locaweb, por exemplo, possui uma estrutura de integração da startup com o ecossistema da empresa como um todo, de modo a fazer com que o conjunto funcione como uma orquestra, possibilitando brilho para cada elemento contanto que o conjunto soe harmônico aos ouvidos do cliente final. Segundo Higor Franco, Diretor Geral da Locaweb, essa sintonia nasce a partir de uma abordagem e um planejamento para a estadia e desenvolvimento dos fundadores da startup, uma forte dor no processo de qualquer M&A.

"Por que um empreendedor vai embora da empresa compradora logo depois do *earn-out*? Pense: o cara está lá, tocando o business dele com total autonomia, arrebentando. Aí, vem um grupo e adquire a empresa. No dia dois, ele chega na empresa e, na mesa dele, tem um crachá e um login do sistema, que dá acesso a um monte de planilhas para que ele reporte performance para diversas áreas. Ele olha para o lado e não vê os pares. Ou seja, ele sai da vida de empreendedor para virar um burocrata, e isso o desmotiva loucamente", explica Higor.

Atenta a essa realidade, a Locaweb começa a relação com o empreendedor a partir da autonomia. "A primeira coisa que a gente tenta fazer é tirar a burocracia das costas dele. Financeiro, jurídico, tudo. A ideia é deixá-lo focado no que ele gosta, que, geralmente, é a evolução do time e os próximos passos do negócio. A partir dessa construção, a gente começa uma outra fase, focada em aportar conhecimentos que o ecossistema tem por conta desses outros empreendedores ou executivos que já foram empreendedores. Então, a evolução continua aqui dentro de uma forma que beneficie a todos. Por isso, nossa retenção de empreendedores é 100%. Todos ficaram depois do *earn-out*", afirma o executivo.

Um desses empreendedores é o Rodrigo Dantas, fundador da Vindi, um SaaS de cobrança e pagamento em modelo de assinatura. A empresa foi comprada pela Locaweb em um acordo de 180 milhões de reais. Dantas mantém o cargo de CEO da empresa, mas também atua como Diretor Executivo e Estratégico na área de M&A da Locaweb, posição que ocupa desde a aquisição de sua empresa, em 2020.

"Conhecemos a Locaweb em 2015. Nosso sonho era tê-los como clientes. Sempre admiramos a empresa; trata-se de uma companhia com mais de 400 mil clientes recorrentes, e tudo aconteceu como um namoro longo. Do ponto de vista motivacional, acredito que escolhemos as pessoas, e não o acordo ideal", revela.

Perguntado sobre como tomou a decisão de vender a empresa, Dantas dá o tom da sinuca de bico em que se mete diariamente, ainda mais diante da possibilidade de um exit. "Olha, as melhores decisões que tomei na vida sempre foram no dia seguinte. É fácil decidir depois, sem as emoções, sem o calor do momento. Considerado isso, tínhamos outras propostas na mesa, e o curioso é que estar no meio de uma competição entre outros players estratégicos foi importante para termos a certeza de com quem queríamos fechar. Basicamente, a decisão pela Locaweb se deu pelos fundadores e executivos que estavam lá, nossa autonomia como empresa e uma combinação entre valor e futuro. Na prática, antes de assinarmos, nos certificamos de que eram pessoas com quem gostaríamos de trabalhar", completa Dantas. (O case completo da Vindi está no capítulo bônus "Eles também realizaram uma saída de mestre".)

As pessoas que fazem o seu negócio acontecer são seu maior ativo.

CAPÍTULO 9
O que você precisa saber para viabilizar uma saída de mestre

Uma saída de mestre quase nunca é um movimento do acaso e da sorte que bate à porta de um empreendedor. Isso pode acontecer, mas não é inteligente esperar por isso. A saída antecipada pode e deve ser um movimento planejado passo a passo. E se você acredita que este pode ser um modelo para o seu negócio, este capítulo é fundamental para ajudá-lo a estar preparado para esse momento.

Oito lições para realizar uma saída de mestre

1. A PAPELADA TEM DE ESTAR EM ORDEM

A primeira lição ao empreendedor é ter tudo em dia na empresa: contabilidade, impostos, registros de funcionários, pagamentos, fornecedores, contratos... O número de empresas extremamente competentes, com uma solução de potencial escalável efetivo e equipe de alta entrega que patinam em questões jurídicas e contábeis é gigantesco.

Grandes players que buscam aquisições realizam uma profunda diligência financeira, contábil e jurídica na empresa antes de qualquer assinatura. Ao menor sinal de irregularidade, eles pulam fora. Lembrando que isso é o básico do básico, ter a documentação em dia, mas muitas empresas deixam para se preocupar com essas questões apenas quando o negócio já tem um alto nível de complexidade.

Há um estudo muito interessante chamado BVA Startups Legal Report[61] realizado pela BVA Advogados, escritório especializado em M&As, em parceria com o Gestão 4.0. Entre outros dados, o levantamento mostra que 76,92% das startups ainda não têm nem um contrato de sociedade assinado. Além disso, 48,15% das empresas entrevistadas descumprem as convenções coletivas de trabalho aplicadas ao nicho de atuação, sendo que cerca de 15% nem sabem em qual convenção estão enquadradas. O estudo analisou aproximadamente cem startups investidas por fundos de investimento regulados pela CVM, todos clientes do BVA Advogados, com base em informações e documentos apresentados pelas empresas.

De acordo com Felipe Barreto, a maior parte das organizações patina em coisas simples. "Um exemplo bem básico é a mudança de endereço e não atualização no contrato social. Parece uma coisa banal, mas a depender da sua atividade, se acontece uma fiscalização e a companhia não está lá, como pode acontecer no caso de endereço fiscal, essa fiscalização pode atestar algumas irregularidades, como falta de licenças, falta de alvará de funcionamento, recolhimento inadequado do ISS etc. Uma negociação de aquisição pode ser encerrada por conta disso? Não, mas a negociação pode mudar a partir daí e o valuation da companhia pode ser afetado, prejudicando a liquidez dos fundadores, acionistas e investidores", afirma.[62]

De acordo com o especialista, o acúmulo de pequenos problemas de ordem legal pode afetar o valor da transação. "A auditoria vai somatizando os problemas levando em consideração a premissa que o comprador deseja adquirir uma companhia com tudo em ordem; a cada pequeno problema que aparece ao longo da *due diligence*,

---

61 BVA Startups Legal Report – 2020. **BV/A**, 2021. Disponível em: https://bvalaw.com.br/wp-content/uploads/2021/01/BVA-Startups-Legal-Report-1.pdf. Acesso em: 3 ago. 2021.

62 As entrevistas deste capítulo foram concedidas aos autores entre abril e agosto de 2021.

mais do que comunicar problemas jurídicos, a startup comunica uma potencial falta de organização. Na visão de risco de um comprador, problemas ou potenciais passivos e contingências podem reduzir seu apetite, então é possível que haja uma sensível diminuição no valuation ou um diferimento do pagamento do preço de aquisição", explica.

2. TENHA UM TIME CAPAZ DE ENTREGAR O QUE PROMETE

Outro ponto extremamente relevante e que as empresas e investidores avaliam na compra é o time envolvido com a startup, o que inclui, especialmente, os empreendedores, mas também o time como um todo. De maneira prática, está cada vez mais difícil reter bons talentos em qualquer negócio.

Naturalmente, empreendedores de startups que conseguiram criar e executar algo relevante são vistos como um ativo escasso e caro no mercado por conta de todas as competências técnicas e comportamentais que desenvolveram com o processo.

Assim, para uma grande empresa, geralmente, não é viável contratar um profissional desse nível como funcionário, abrindo uma vaga de emprego tradicional. Eles querem autonomia e poder de decisão, por isso, a melhor maneira de trazer essas pessoas para dentro da empresa é comprando a startup que construíram. Esse é um movimento muito comum, mas, para isso, é preciso ter certeza de que esses empreendedores são realmente bons, com um histórico relevante ou que tenham construído algo de valor e mostrem sua capacidade de execução.

É importante destacar que os empreendedores também dependem da sua equipe de colaboradores. Por isso, todo processo de fusão e aquisição também deve considerar o quão benéfica essa transição será para as pessoas que trabalham na empresa sendo adquirida, quais são as oportunidades que elas passam a ter após a fusão e quais serão as condições de trabalho dali para frente.

Pode parecer contraintuitivo, mas, como já foi dito uma série de vezes aqui, muitas aquisições têm como objetivo a compra das pessoas, da alta capacidade do time. Inclusive, o time pode se sobrepor ao negócio. Em outras palavras, às vezes, um grande player sabe a solução de que precisa, mas não encontra ninguém no mercado com a capacidade de realizar aquela inovação.

Então, ele encontra uma startup que não é exatamente o que ele estava procurando, mas com pessoas que claramente seriam capazes de adaptar aquela solução à sua necessidade e opta pela compra. Grandes empresas, ou, pelo menos, as que levantaram muito dinheiro, têm condições e interesse em trazer pessoas muito boas, principalmente ligadas a tecnologia.

3. O PRODUTO É RESULTADO DE MUITA EXPERTISE

Criar um bom produto pode levar um, dois, três anos. Além de pessoas boas na execução, essa criação exige muitos testes, erros e aprendizados no caminho. **Então, outro ativo que nasce junto com o produto é a expertise do time envolvido no projeto.** Uma grande empresa tem muito interesse na capacidade de solucionar problemas e na solução em si, mas não tem paciência e tempo para o processo de construção dessa mesma solução desde o início.

Então, mesmo quando o produto da startup não está relacionado diretamente ao *core business* da empresa, mas existem sinergias e é possível fazer adaptações para que as duas consigam operar de maneira mais completa, a grande empresa compra a startup e, assim, diminui o tempo que levaria para chegar ao resultado que fará a diferença para sua estratégia.

Pagar por algo já desenvolvido e testado tem grande valor para potenciais compradores, já que pode ser muito mais barato do que perder tempo e foco desenvolvendo algo do zero. E foco é uma palavra muito importante para qualquer negócio. Não se pode fazer tudo o que gostaria, mas, em alguns casos, é possível comprar quem já fez.

Vale acrescentar, ainda, que uma das grandes tendências atuais e com perspectiva de crescimento são empresas tradicionais ampliando seu leque de atuação, entrando em mercados diferentes que, a princípio, não têm nada em comum com sua atividade principal. Às vezes, um potencial comprador não é a empresa que já está no seu mercado, mas alguma corporação com interesse em ingressar no setor, que quer começar a conversar com seu público.

Um exemplo já citado e que vale a repetição é o Magalu, que recentemente comprou uma série de empresas de segmentos muito diferentes, não relacionados à sua atividade principal, que é o varejo, mas que fazem parte de um ecossistema maior de soluções que querem oferecer para seus clientes. São produtos que se complementam, têm sinergia de alguma maneira. Juntas, essas empresas compõem um diferencial competitivo no mercado para o Magalu.

4. CLIENTES E FATURAMENTO SÃO IMPORTANTES? SIM, MAS NÃO SÃO TUDO

O volume de negócios transacionados pela startup é um indicador que ajuda a validar que o modelo funciona, afinal, se tem gente usando e se é sustentável, é um bom negócio. Além disso, quanto mais pulverizada for a carteira de clientes e maior for o faturamento, mais interessantes se tornam as condições de negociação em uma compra. Sendo assim, fomentar receita e base de clientes é sempre a melhor ideia.

No entanto, existe uma lacuna de tempo entre uma startup criar uma solução e efetivamente começar a rodar e dar lucro. Esse tempo, porém, pode ser reduzido com a compra por uma grande empresa, que tem capital e estrutura para fazer aquele negócio acontecer.

Por isso, por incrível que pareça, dependendo do interesse e da perspectiva de quem compra, a carteira de clientes e o faturamento não são os fatores mais importantes em uma possível saída antecipada.

Em muitos casos (não todos, é importante reforçar), o que a empresa compradora quer é o produto e o time.

Marcos Sterenkrantz, Head da XP Ventures, dá um exemplo bastante claro sobre isso. "Nosso foco é a jornada do cliente dentro da XP. A questão é ter análises complementares a uma simples avaliação do retorno financeiro."

5. QUEM NÃO É VISTO NÃO É LEMBRADO

Todos os quatro passos anteriores referem-se a ações e atitudes da porta da startup para dentro. Este aqui é sobre os relacionamentos da porta para fora. Desde o dia um de uma startup, é bom começar a mapear as empresas que são possíveis compradoras em seu mercado e saber vender bem a sua imagem. **Não espere alguém bater na sua porta: você deve ir atrás das empresas, se tornar relevante no mercado e resolver um problema real de uma maneira melhor do que qualquer concorrente.** E todos têm que saber disso.

Como dito anteriormente, o leque de opções de potenciais compradores é muito mais amplo, não fica apenas às aparentemente mais óbvias. Cada vez mais empresas estão entrando em segmentos diferentes para criar um ecossistema de soluções, e, quanto mais antenado o empreendedor estiver ao mercado, melhor conseguirá ver essa movimentação. É possível ir atrás desses potenciais compradores sozinho, mas isso ocupará uma boa parte do seu tempo que poderia (ou deveria) ser dedicada ao desenvolvimento do seu negócio, é por isso que saber se posicionar e ser visto é importante.

Do ponto de vista jurídico e de negócios, uma alternativa é investir em uma boa boutique ou escritório de advocacia especializado em M&A. Com o crescimento do movimento de startups, muitas empresas especializadas nesse segmento estão surgindo, cobrando um percentual de uma possível transação futura. É importante, também, investir em ações de marketing e assessoria de imprensa, não só para vender

A saída antecipada pode e deve ser um movimento planejado passo a passo.

e escalar, mas especialmente para trazer visibilidade e credibilidade aos resultados que a empresa vem conquistando.

Tratam-se de trabalhos distintos, mas que, em sinergia e com foco no longo prazo, geram uma rede de relacionamentos capaz de evidenciar que seu negócio existe e é eficiente para o público-alvo correto. Vale ainda o bom e velho QI (quem indica). Conhecer pessoas-chave na área em que você atua e, preferencialmente, iniciar uma relação de parceria tendo seu futuro comprador como cliente são os melhores caminhos.

De maneira geral, o que quero dizer é que ninguém terá interesse em comprar uma startup se não souber que ela existe e que faz um trabalho incrível. Ninguém entra em um restaurante vazio. **Os potenciais compradores precisam saber da sua existência e, aos poucos, conhecer os seus diferenciais, assim como os dos empreendedores envolvidos.**

Sair do desconhecido para o destaque; mostrar que está em crescimento e que criou algo de valor; mostrar como pode ajudar a resolver algum problema da empresa; provar que é possível, na prática, com cases de sucesso de outros clientes, até que consiga estabelecer uma relação de parceria comercial para um alinhamento mais próximo. Essa é a estratégia.

Evidentemente, é muito mais fácil vender para uma empresa que já conhece o negócio e confia nele e nas pessoas envolvidas, para quem já viu e testou os resultados. Quando se cria um relacionamento com algum executivo estratégico de uma grande empresa e essa pessoa começa a ver relevância estratégica no seu negócio, ela mesma vai acionar a área de M&A da empresa para sondagens.

Todas as ofertas que a Pegaki recebeu durante o caminho (três, para ser preciso) surgiram assim. O responsável da área logística que conhecia o nosso negócio e reconheceu uma oportunidade acionou o responsável da área de M&A, no caso de empresas de capital aberto, ou o próprio CEO, no caso de startups em estágios mais avançados que o nosso.

E, como em qualquer negociação, se você está desesperado para fechar um negócio, ou não vai fechar ou irá fazê-lo em más condições, com desvantagens. Então, é preciso focar, antes de tudo, o negócio, os clientes, gerar receita, crescer, ser sustentável e independente. Quanto mais isso acontece e os players estratégicos percebem, maior é o interesse. Conte com parceiros para fazer trabalhos especializados que não são seu *core business* para que você se mantenha focado.

Ninguém quer um negócio que não vai bem ou não traciona. No caso da Pegaki, foi só começar a crescer que o jogo mudou completamente. A partir daí, é você que passa a dar as cartas e definir as condições do jogo. Por isso, é preciso conhecer as empresas que podem ser seus potenciais compradores, desenvolver um relacionamento com esses players e mostrar que você existe, mas jamais esquecer de fazer o seu negócio decolar. No fim, isso é o que mais importa.

6. ENCONTRAR UM COMPRADOR É UMA COISA, REALIZAR A VENDA É OUTRA

Além de analisar a proposta financeira recebida, é preciso escolher com cuidado a empresa com a qual você gostaria de trabalhar em conjunto. Na Pegaki, vimos muita diferença entre as propostas que recebemos. A cultura da empresa que fará a aquisição precisa ser próxima da sua; os valores, princípios, objetivos precisam estar alinhados entre as duas. Identificar-se e gostar das pessoas que estarão junto com você nesse novo desafio, seus novos sócios, é mais importante do que pode parecer em um primeiro momento.

Posto isso, seguindo um fluxo padrão do processo de M&A, quando o empreendedor recebe uma carta branca de um potencial comprador para avançar em uma negociação, é muito importante – mas muito importante mesmo – estar ciente de que é apenas o começo de uma longa estrada. Não há nada garantido.

Um aspecto técnico interessante sobre esses processos de aquisição é que, após um primeiro sinal de interesse de compra, é muito comum que as empresas solicitem a assinatura de um NDA (*Non-disclosure agreement*, ou acordo de não-divulgação), ou seja, um termo de confidencialidade assinado antes de começarem a solicitar algumas informações de seu negócio, cujo objetivo é evitar que informações confidenciais sejam divulgadas a terceiros por alguma das partes, sejam as informações do seu negócio que você terá que compartilhar, sejam as próprias tratativas de interesse da empresa maior.

Independentemente da assinatura ou não desse documento, percebo que, quando se inicia um processo desses, o ideal é realmente manter o máximo de sigilo possível para o seu próprio bem. Compartilhe apenas com as pessoas que são realmente necessárias e que participam do processo e envio de informações. Quanto menos pessoas envolvidas, melhor.

Já erramos nesse ponto também, tanto no lado pessoal como no profissional. Quando você fala para pessoas próximas a você, como familiares e amigos, cria-se uma expectativa em cima de algo completamente incerto, e isso é algo que vai atrapalhá-lo emocionalmente. Essa situação é mais concreta e menos mística e subjetiva do que parece. A única vez que não falamos nada para ninguém, vendemos a empresa. Recomendo, inclusive, que apenas um dos sócios se envolva ativamente nesse processo, enquanto os outros ficam totalmente focados na gestão e operação da empresa. Afinal, ela precisa continuar crescendo.

Quanto mais organizada a empresa estiver, mais fácil será esse trabalho. Inicialmente, algumas informações básicas serão solicitadas, como demonstrativo de resultados de exercício (DRE), balanço completo, projeção financeira futura, indicadores principais do negócio, clientes, taxa de crescimento, perdas de receita e de clientes etc. Se todas as informações estiverem em dia e bem controladas e analisadas, o trabalho será muito mais rápido e fácil para todos.

Também é muito importante se preparar para algumas boas e longas semanas, ou até meses, nessa primeira etapa. Apesar de ser apenas o início das análises, certamente haverá muitas trocas de informações, documentos, reuniões e ligações para esclarecer dúvidas referentes ao negócio. Com essas informações iniciais e conhecendo mais a fundo o produto e o time (principalmente o perfil dos fundadores), a empresa compradora começa a entender se faz sentido ou não avançar com a negociação. É preciso ter paciência com processos lentos e burocráticos, que, pela natureza do negócio, não fazem parte da rotina dos empreendedores.

Se tudo ocorrer bem – e nem sempre ocorre, como em qualquer venda –, vem uma nova bucha: a discussão de formatos de proposta. Caso a startup tenha investidores, é importante que, desde o início, as cláusulas de saída do investidor no caso de venda estejam muito bem definidas e claras. Em outras palavras, dependendo do contrato que você fizer com o investidor (seja ele um fundo, um investidor-anjo ou a base de investidores de uma plataforma, como foi o nosso caso), você pode simplesmente ficar impedido de vender sem a aprovação deles. A decisão de vender a sua empresa, por incrível que pareça, fica na mão de terceiros.

Por isso, é muito importante saber negociar o formato de contrato com os investidores no decorrer das captações da empresa. **Um bom negócio é vantajoso para todos os envolvidos**, mas muitos desentendimentos se dão por acordos mal executados ou mal explicados.

7. VOCÊ REALMENTE PRECISA DE INVESTIDOR?

Colocar uma pessoa errada na jogada por causa de dinheiro causa problemas imensuráveis, lembro que a própria jornada da Pegaki é um exemplo disso. Se você fizer um estudo de caso e entender que é necessária uma injeção de capital, é importante se envolver com profissionais para realizar essa transação. Além disso, é fundamental contar com um advogado especializado para te apoiar na concepção de um contrato ou na revisão de um contrato proposto, seja por uma plataforma de *equity crowdfunding*, por um fundo ou por investidor(es)-anjo.

Realize o seu cálculo de valor de mercado com uma equipe especializada e tenha mais de uma opinião, de modo a não inflar o seu valuation, mas também não vender seu *equity* a preço de banana. No caso da Pegaki, era um outro momento do mercado, mas, hoje, entendemos que captamos muito pouco e não recomendo esse caminho. É de 1 milhão para cima, chutando baixo.

- **Além disso, não esqueça que o investidor está entrando no seu negócio para obter um retorno. Por isso, é importante alinhar as expectativas nesse momento.** Pierre Schurmann, da Nuvini, pontua com clareza a questão: "Olha, você não precisa jogar tênis, mas, se for jogar, leve uma raquete. Se você for uma startup e conseguir tocar sua vida sem investidores, sem problemas. É uma boa ideia. Mas, se for jogar o jogo do investimento, precisa colocar no campo de visão desses investidores um evento de liquidez. Não precisa ser um *early exit*. Pode ser uma venda mais adiantada, um IPO. Mas é isso, liquidez no investimento-anjo é a raquete no tênis, não tem como jogar sem".

Mas, como bem disse Schurmann, nem toda empresa precisa desse dinheiro para rodar.

Um caso emblemático nesse sentido é o da Raccoon, empresa que oferece soluções de marketing baseadas em tecnologia, uma *martech*. Quando André Palis e Tulio Kehdi saíram do Google para fundar o negócio em 2013, uma das primeiras atitudes da dupla foi buscar apoio de algum investidor de peso. Dentre os potenciais investidores abordados, eles conversaram com Manoel Lemos, sócio do fundo de investimento e capital de risco Redpoint eventures, e com Gustavo Caetano, fundador da Sambatech.

Não conseguiram um único centavo, mas isso não foi exatamente uma má notícia: "Vocês não precisam de dinheiro, esse negócio vai dar certo, o mercado precisa. Vocês precisam de direcionamento e de alguns contatos", concordaram Manoel e Gustavo na época, que toparam entrar para o conselho da empresa, onde estão até hoje. Oito anos depois, é fácil perceber que a análise deles foi precisa.

Em maio de 2021, a S4Capital, empresa liderada por Martin Sorrell (ex-chefão da WPP), promoveu a fusão da MightyHive com a Raccoon, incorporando à operação o grupo composto até aquele momento pelas agências Raccoon, Calina e ROCKY (esta última sediada em Sorocaba, interior de São Paulo). Na época da aquisição, o Grupo Raccoon contava com 450 funcionários e trezentos clientes, entre eles, marcas como Natura, 99, XP, Google e Nubank, intermediando uma média superior a 1 bilhão de reais só em anúncios no Google por ano, o que o colocava como um dos maiores da América Latina, acumulando premiações desses parceiros. Os valores da transação são sigilosos, mas informações de bastidores dão conta de que se trata de uma das maiores operações financeiras da história do marketing brasileiro.

8. NÃO FIQUE ESPERANDO, TRACE UMA ESTRATÉGIA ATIVA PARA VENDER SUA STARTUP

Apesar de haver uma crença no mercado de que ser comprado é melhor do que ser vendido, na prática, não necessariamente isso é uma verdade absoluta. Uma estratégia ativa para vender uma startup pode ser tão ou mais bem-sucedida do que um movimento receptivo em que as corporações procuram a startup. Essa é a opinião de Pedro Carneiro, diretor do braço de investimentos da ACE, uma das empresas de inovação e investimentos mais importantes do país. "As *timelines* do ponto de vista de comprar e ser comprado, ou de querer vender e ser vendido, dificilmente se alinham por variados motivos. Assim, nutrir relacionamento é fundamental para obter melhores condições em um *deal*, seja no processo reativo ou ativo", afirma.

Segundo o especialista, no processo reativo, geralmente, o comprador é quem dita a regra do jogo e impõe o tempo entre as etapas, lidando com *founders* que, em geral, não estão preparados para esse tipo de processo. "Seja por não possuírem os aspectos gerenciais, operacionais, contábeis, fiscais e trabalhistas organizados, por não terem uma ampla janela de tempo para avaliar diferentes alternativas ou por não possuírem experiência em como conduzir a situação, o *founder* despreparado, muitas vezes, deteriora o valor da startup a cada interação com o potencial comprador. Por isso, mesmo que ele obtenha sucesso na venda em um processo reativo, é comum que surja o questionamento: 'Será que eu fiz um bom negócio?'", pondera.

Por outro lado, em um processo ativo, o *founder* segue um caminho diferente, ditando o rumo da negociação, se preparando para a transação desde o momento da decisão por vender a empresa. O objetivo é trazer a maior quantidade de potenciais compradores possíveis, gerando, assim, um processo competitivo com prazos claros, garantindo melhor posição nas negociações, nas condições das ofertas e, no limite, mais alternativas possíveis.

"Algumas estratégias costumam funcionar para tornar sua startup mais atrativa a potenciais compradores, como um bom marketing e um bom RP (relações públicas), buscando posicionar a empresa nos principais veículos de comunicação e eventos estratégicos do setor, atraindo parceiros de negócios e desenvolvendo uma sólida rede de *networking*", acrescenta o especialista.

Uma estratégia ativa para vender uma startup pode ser tão ou mais bem-sucedida do que um movimento receptivo

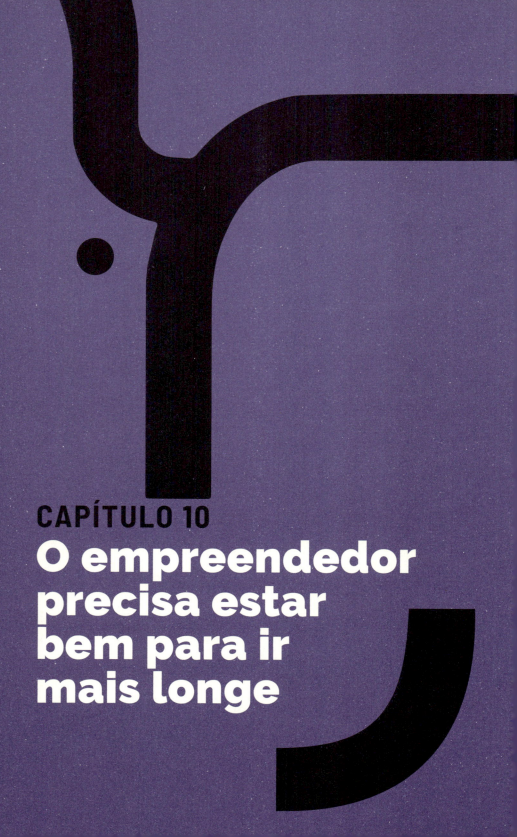

CAPÍTULO 10

O empreendedor precisa estar bem para ir mais longe

Já estamos chegando ao fim do livro e, como é natural para todo empreendedor, falamos muito sobre a busca incessante por resultados. Isso não é apenas uma característica positiva, mas um ativo determinante para uma startup realmente dar certo. O conflito, aqui, é que esse nível de performance pode influenciar o empreendedor e seus respectivos sócios a trabalhar em um esquema 24×7, todo dia, sem parar. Eu gostaria de conversar com você sobre isso, porque acredito que os negócios avançam na mesma medida em que os fundadores se cuidam. Porque é uma rotina pesadíssima, que exige da mente, do corpo e do espírito. É normal que, em muitos casos, entremos nessa loucura de 24×7, mas esse *modus operandi* não é sustentável por um longo período. Seres humanos não são máquinas, e o preço pode ser caro.

Além disso, e é muito importante que isso fique absolutamente claro, alta performance não está relacionada à quantidade de horas dedicadas ao trabalho. Alta performance tem a ver com produtividade e eficiência no trabalho realizado.

Empreender, especialmente no Brasil, requer uma dose cavalar de paciência, persistência e resiliência. Burocracia, papelada, dificuldades para a gestão do time, negociações e muitas outras frustrações. Por mais habilidosa que a equipe de sócios seja, chega uma hora em que as pessoas se esgotam. Tudo é muito difícil, e é preciso estar bem para lidar com todos os desafios da melhor maneira possível.

Assim, autoconhecimento, cuidados com a saúde física e mental e a busca por uma conexão espiritual – e não estou falando de religião, mas de encontrar os caminhos para equilibrar mente, corpo e espírito – são inegociáveis, ao menos no meu ponto de vista. A partir daí, é possível estar pronto e dar conta da construção e da rotina de um negócio. Para mim, foi uma grande experiência de evolução pessoal passar por alguns desses processos. Aprendi na dor, com ansiedade e expectativas altas, o que você deve ou não fazer nesses momentos.

Gosto de dizer que o alicerce do sucesso é o acúmulo de fracassos. Quem aprende com os fracassos está pronto para ter sucesso. E uma das decisões mais acertadas da minha vida foi entender que cuidar da saúde é fundamental.

Com a iminência da crise de covid-19, eu tive alguns picos de ansiedade. Inquietação profunda, agitação mental, perda do foco. Esses sintomas começaram a comprometer não apenas a minha produtividade e o meu desempenho, mas a minha qualidade de vida.

A ferramenta que uso há muito tempo – e que foi fundamental para mim nesse processo – é a yoga. Exercícios de respiração e meditação ajudaram a me manter no momento presente, eliminar expectativas futuras ou frustrações passadas e compreender internamente que tudo deve fluir de maneira natural, sem sofrimentos. Esse é um movimento meu, mas as possibilidades que surgem a partir dele são inúmeras.

Talvez yoga não seja o seu perfil, então você pode fazer algum esporte mais agitado, como correr, malhar, nadar ou até praticar alguma arte marcial. O importante é fazer atividades saudáveis que possam ajudá-lo a aliviar a tensão, estar presente, se conectar com o mundo à sua volta para além dos números, planilhas e problemas para resolver.

Vale destacar, ainda, outras atividades com foco no autoconhecimento: terapia, *coaching* e psicanálise, sempre conduzidos por profissionais sérios e éticos. **O autoconhecimento é um elemento-chave para a vida de maneira geral e certamente é um grande diferencial no momento de tomar a próxima decisão para a sua startup.**

Quando não nos conhecemos profundamente, tendemos a agir por insegurança e impulsividade, tentando controlar tudo a todo custo e com a visão limitada diante dos problemas e desafios. Na minha experiência, toda a operação fica comprometida com uma pessoa dessas no comando. Por sua vez, uma pessoa que se conhece, domina suas qualidades e seus defeitos na prática, tende a ter um desempenho melhor não só tecnicamente, mas nas relações interpessoais. Não tenho base em nenhum estudo científico para garantir isso, mas, na minha experiência pessoal, já vi muito disso acontecer.

Todo empreendedor deve cuidar de sua saúde física, mental e espiritual, deve ser como um atleta de alta performance, contando com um grande preparo físico para competir em provas de elite – o que envolve cuidado também com a alimentação e com o sono.

Ter uma startup é um dos esportes na categoria de negócios mais desgastantes, difíceis e competitivos. Logo, se o empreendedor não tiver a preparação de um atleta de alto nível, não terá os resultados esperados. A relação, acredite, é mais direta do que parece. **E lembre-se: a corrida de uma startup não é uma prova de 100 metros, é uma maratona de dezenas de quilômetros.**

O alicerce do sucesso é o acúmulo de fracassos. Quem aprende com os fracassos está pronto para ter sucesso.

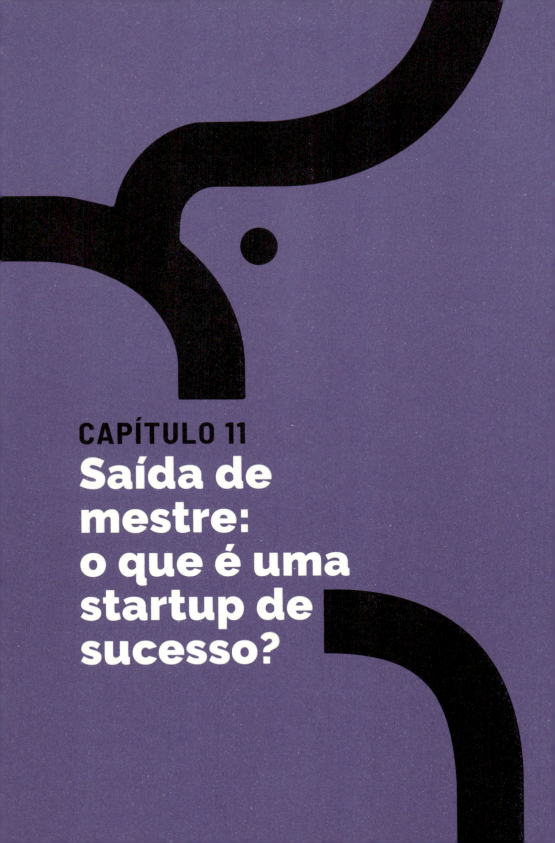

CAPÍTULO 11

Saída de mestre: o que é uma startup de sucesso?

Considerando

todas as dificuldades para empreender no Brasil, onde a crise não é um evento, e sim uma constante, uma startup de sucesso é aquela que sobrevive, agrega valor à sociedade, emprega pessoas que trabalham com propósito e motivação. Se o título do livro deu a entender que a venda da Pegaki foi uma saída de mestre, a ideia não era essa. **Ao longo do caminho, encontramos diversas saídas de mestre para que o negócio não morresse – e o processo de venda foi mais uma delas.** Isso é justo dizer.

Fui buscar nas máximas corporativas alguma frase de efeito para definir a mentalidade da Pegaki, mas o clichê "é melhor feito do que perfeito" cai bem aqui. Já na filosofia, Mario Sergio Cortella sintetiza com maestria a mensagem que precisa ser transmitida. Há um vídeo[63] muito popular no YouTube no qual ele diz: "Faça o teu melhor, na condição que você tem, enquanto você não tem condições melhores para fazer melhor ainda".

A saída da Pegaki foi uma saída de mestre porque foi a melhor saída que poderíamos ter encontrado nas circunstâncias em que vivíamos. Foi um excelente negócio e nosso objetivo era desbravar esse caminho que ainda não é conhecido por muitos empreendedores. Cada decisão foi muito importante para que chegássemos até aqui. Termos optado por criar a startup em Blumenau, onde morávamos, foi uma delas.

---

63 MARIO Sergio Cortella - Faça o Teu Melhor. 2018. Vídeo (2min45s). Publicado pelo canal Canal do Cortella. Disponível em: https://www.youtube.com/watch?v=dd1bsHYYqjg. Acesso em: 3 ago. 2021.

Ou seja, crescemos não só fora do eixo Rio-São Paulo, como fora de uma grande capital.

Essa estratégia trouxe vantagens e desvantagens, claro: embora a maior parte dos investidores e clientes mais relevantes ainda esteja nos grandes centros, os custos e a competição tendem a ser menores em localidades mais afastadas. No início, para mitigar os pontos fracos de estar fora de uma grande capital, os eventos, a assessoria de imprensa e o marketing digital foram muito importantes. Hoje, com o crescimento das ações virtuais, os empreendedores ganharam ainda mais flexibilidade nesse quesito. **O fato é que não importa onde seja a base da startup, o importante é o mercado conhecer seu negócio, saber que existe e, principalmente, que é relevante.**

É chato concordar com algo que parece superficial, mas o mercado avalia sua empresa pela imagem que ela passa. Está saindo em mídias de destaque? Está contratando? Está presente em eventos de maneira destacada? Você pode até trabalhar em *home office*, mas o mercado enxergará o tamanho do seu negócio nessas frentes, por isso é importante estar presente no ambiente digital e investir nisso.

Essa foi uma lição de casa que a Pegaki fez bem-feita.

Lembro-me de encontrar um gerente de um grande e-commerce e ouvir o seguinte comentário: "Vi vocês no evento passado, e estavam com um stand pequeno; nesse, já estão com um stand grande desses, estão voando, hein?!".

Outro ponto que indica sucesso ou fracasso de uma startup é a capacidade de gestão financeira do negócio. Quando uma startup nasce, não consegue se pagar no curto prazo e começa a depender de dinheiro de investimento para sobreviver, o empreendedor corre o risco de entrar em uma grande armadilha. A grande verdade é que nós, da Pegaki, patinamos nesse ponto durante um bom tempo. Deu tempo de corrigir, por diversos fatores, e todos os investidores tiveram lucro no fim da história, mas demoramos três longos anos para fazer as contas baterem. Por outro lado, acertamos muito no crescimento da empresa. O modelo proposto pela Pegaki vingou, o mercado aderiu, mas a curva de conversão foi maior que o nosso fluxo de caixa. O que aconteceu foi que, em 2020, registramos um crescimento exponencial que nos levou a um outro patamar. Poderia ter sido mais simples? Poderia. Até porque não havia garantia de que novos investimentos viriam a acontecer. Para a nossa alegria, eles aconteceram.

E, para além dos camelos e unicórnios, é importante lembrar que a fauna no ecossistema das startups é bastante vasta. O que não faltam são os lobos na pele de cordeiro. Cuidado com as negociações. Hoje, muitas grandes empresas tentam se aproveitar de startups, consumindo tempo e energia apenas para angariar novas ideias e produtos. É óbvio que dificilmente conseguem fazer igual ou melhor que uma startup ágil e focada, mas é importante aprender a identificar as sanguessugas para não perder seu precioso tempo com isso. Passamos por muitos casos assim no início.

Programas de startups em áreas de inovação de grandes empresas são grandes armadilhas para empreendedores. Perdi muito tempo me inscrevendo em programas que, no fim, eram apenas estratégias de marketing de grandes empresas. Consomem tempo, dinheiro e esforço e não levam a lugar nenhum. Foque o seu negócio, não perca tempo com concursos e programas qualquer, faça um bom produto, vá para a rua vender e mantenha sempre os olhos no seu público-alvo.

Para vender para grandes empresas, é importante ter relacionamentos, começando por quem você já conhece; depois, conseguir indicações e entrar no jogo político das grandes corporações. O primeiro grande cliente é o mais difícil, e é preciso oferecer uma ótima experiência para gerar um case impactante que influencie os próximos. Depois, com um case na mão, a tendência é que as portas se abram com maior facilidade.

Se o produto de sua startup é voltado para pequenas empresas, os canais são mais abrangentes. Além de facilitar na prospecção ativa e direta com um nicho de clientes e indicações, canais digitais são muito importantes para visibilidade. Por isso, investir em tráfego on-line para gerar potenciais clientes ou levá-los para uma página de vendas direta é uma decisão acertada.

Analisando mais profundamente, esse trabalho envolve ações no Google, Facebook, Instagram ou qualquer outro canal digital que esteja em evidência no momento. Envolve desde mídias pagas (anúncios de venda direta) até ações de tráfego orgânico, como, por exemplo, textos para blogs hospedados em seu site. Resumidamente, sua empresa será mais facilmente localizada na internet se esses elementos forem bem trabalhados.

Canais digitais também são a melhor alternativa para quando seus clientes são pessoas físicas. Criar um negócio B2C (venda para cliente final) exige um investimento alto em aquisição de clientes, que deve ser pago rapidamente com o valor gerado nas vendas para que seu negócio seja sustentável. Para cada 1 real investido na captação de um novo cliente, o retorno deve ser de, pelo menos, 3 reais de receita. Quando você encontra o canal que viabiliza essa equação, é hora de pisar no acelerador. Mas, até lá, muitos testes serão necessários.

Pouco antes da metade de 2019, com a Pegaki no início da sua fase de consolidação, comecei a focar uma boa parte do meu tempo em novas conversas com fundos de investimento. A maioria dos contatos sem muito sucesso. "Gostamos do seu modelo, mas ainda queremos ver tracionar mais" era a resposta padrão. E foi daí que tiramos mais uma lição: começamos a entender que captamos um valor inicial baixo para tracionar o negócio em troca de uma diluição alta e um tempo de crescimento lento. Tudo que um fundo de investimento não quer.

As situações pelas quais passamos e que verdadeiramente imaginamos que não iríamos conseguir superar são incontáveis. Refletindo sobre tudo o que aconteceu e como conseguimos vencer, afirmo que sim, a venda da Pegaki foi uma grande saída de mestre, porque ela nos abriu novas possibilidades.

Nossa empresa vem com força na missão de se tornar uma alternativa cada vez mais eficiente para a logística brasileira. Estamos resolvendo um problema grave em um país de dimensão continental. Nossos colaboradores estão motivados e trabalham com garra. Nossa saída, na verdade, é uma nova entrada, um novo ciclo.

Mas só chegamos até aqui porque, ainda que aos trancos e barrancos, não desistimos. Ao longo do caminho, hesitamos, fizemos escolhas erradas, duvidamos de nós mesmos e, em alguma instância, chegamos até a decidir desistir. Mas não desistimos. E, quando a virada acontece, quando o negócio acontece e se desenvolve, o filme todo passa a fazer sentido, e a gente agradece do fundo da alma por ter encontrado forças e os meios para continuar, por insistir.

Fiquei aqui, pensando sobre como terminar este livro, qual mensagem deixar para você, leitor, que acompanhou a minha história até aqui. Conversando, eu e o Edu entendemos que uma das primeiras frases que abre o livro deve ser exatamente a frase que o fecha:

"A maioria das pessoas desiste quando elas estão próximas de alcançar o sucesso. Elas desistem a um passo da linha de chegada."

Nossa saída, na verdade, é uma nova entrada, um novo ciclo.

Gostou da leitura?
Ajude outras pessoas
a conhecerem o livro
compartilhando em suas
redes sociais e marcando
a **#saidademestre**!

**Continue nos acompanhando
pelas redes sociais
@joaocristofolini** e
@eduardocosomano
e pelo site
saidademestre.com.br

Este livro foi impresso
pela gráfica Edições Loyola
em papel pólen bold 70g
em setembro de 2021.